秋叶 特训营

写作
7堂课

秋叶 著

人民邮电出版社

北 京

图书在版编目（CIP）数据

秋叶特训营写作7堂课 / 秋叶著. -- 北京 : 人民邮
电出版社，2019.10（2023.3重印）
ISBN 978-7-115-51866-8

Ⅰ. ①秋… Ⅱ. ①秋… Ⅲ. ①汉语－写作 Ⅳ.
①H15

中国版本图书馆CIP数据核字(2019)第189287号

内 容 提 要

本书以7堂课的形式，系统总结了写作常用的方法——框架式写作、复利式写作、碎片化写作、联机式写作、结构化写作、清单式写作和复盘式写作。内容可操作性强，从如何搭建文章框架，到如何搜集与整理素材，都用实例展示了大量的操作细节，能切实引导读者通过提升写作能力打造自身的职场核心竞争力，在人才竞争的环境中脱颖而出。

本书适合职场人士、高校学生或创业者等希望提升自身软实力、培养核心竞争力的人士阅读。读者可根据自身情况，选择适合自己的写作模式和方法，创造精彩的内容。

◆ 著　　　　　秋　叶
　　责任编辑　李　莎
　　责任印制　马振武
◆ 人民邮电出版社出版发行　　北京市丰台区成寿寺路11号
　　邮编　100164　电子邮件　315@ptpress.com.cn
　　网址　https://www.ptpress.com.cn
　　涿州市京南印刷厂印刷
◆ 开本：700×1000　1/16
　　印张：14.25　　　　　　　　2019年10月第1版
　　字数：177千字　　　　　　　2023年3月河北第12次印刷

定价：65.00 元

读者服务热线：(010)81055410　印装质量热线：(010)81055316
反盗版热线：(010)81055315
广告经营许可证：京东市监广登字 20170147 号

INTRODUCTION 导言

秋叶大叔谈
"秋叶·7堂课"系列图书

你好，我是秋叶大叔，感谢你购买这本书。它属于我们秋叶团队重点打造的"秋叶·7堂课"系列图书。该系列图书的一部分内容是由"秋叶系列特训营"衍生而来。

"秋叶系列特训营"是我开设的全面提升职场能力的在线课程，有写作、时间管理、PPT、Excel、Office等多个专项特训营。这些课程得到学员高度认可，他们发现通过提升自己的专项能力，确实可以让自己的职场能力得到提升、放大甚至是跃迁。

在特训营中，经常有人问如何解决学习过程中遇到的各种问题。比如，学习很努力但就是没有进步怎么办？碎片时间不会用怎么办？如何做到"秒睡"？

我发现，有些问题非常具有普遍性，在每一期的特训营中都会有学员提出；我在大学上课时，也经常有学生问类似的问题。

既然如此，我干脆就把这些问题系统地整理一遍，再结合我多年的经验，整理成一套专注于职场能力提升的系列图书，帮助更多的人解决学习上的障碍。对于初次接触这套图书的读者，我坚信这是你工作、生活和学习精进道路上的上佳读物。

对特训营学员而言，我出版纸质图书，等于是把线上特训营的部分课程教材化，方便大家随时翻阅。当然这也是内容完整的图书，你可以通过阅读这套书，系统地学习写作、时间管理等知识和技能，实现自我能力的跃迁。当然了，如果你需要更好的学习氛围以及老师的点评和助教服务，欢迎来我们的线上特训营。

↘

秋叶团队从 2013 年开始做职场在线教育，并出版系列职场教育书籍，从 PPT 进化到 Office 领域，再到泛职场领域。我们一直根据市场需求不断拓展，帮助每一位读者或学员不断精进，目前"秋叶"也成了国内有影响力的在线教育品牌。

我们非常了解职场人，特别是职场新人对自我提升的渴求。我们这一套图书的宗旨是"知识全、阅读易"，既要展现时间管理、写作或学习等职场方方面面的核心方法，也要兼顾当前读者的阅读习惯，让我们的图书既能适用于系统化学习，也能适用于碎片化阅读。

我们希望你能真心喜欢这一套"秋叶·7 堂课"图书，并能真正在这套图书中学到实战技能，从而在工作和学习中更加得心应手。

↘

在我们的教学经历中，我们发现想要真正掌握一项技能，只看书不动手是不行的，很多人会陷入一种"道理我都懂但就是做不好"的困境中。

这样的结果，往往是时间和精力都花费了，但过段时间就什么都不记得了。

为了让你有更好的阅读体验和收获，这里有 3 个建议。

第一，每阅读完一个章节，就打开电脑，写一篇阅读心得，巩固学习成果。欢迎你把心得文章发微博，带上话题"# 和秋叶一起学 ××#"，并 @ 秋叶 的微博账户，我们会及时回复。

第二，根据书中教授的方法，保持持续稳定的输出，比如坚持每日练笔，或者坚持每周练笔 2 ～ 3 次，把满意的作品发到开放平台，并通过阅读数和点赞数检验效果。

第三，关注微信公众号"秋叶大叔"，通过持续查看我们每天推送的各种文章，丰富你的知识体系，帮助你复习知识点，进而运用到工作和生活中，我们也乐于发表你投来的优质稿件。

按照上面的 3 个建议，坚持下去，虽然过程会有些辛苦，但你的收获会远高于单纯阅读一本书。

↳

对于第一次通过图书了解"秋叶"教育品牌的读者，建议你了解我们的系列在线付费特训营。

与一般的网课相比，我们开设的在线课程提供了更丰富、更具互动性的内容。比如，我们邀请了行业内的专业人士在课堂上答疑解惑，与学员实时互动等。你可以根据自己的需求选择想要学习的课程，以更快更稳固地提升自己的能力。

通过在线课程学习，不但可以得到老师线上讲解和答疑辅导，还有助教老师一对一点评和同学作业互评，特别是你会看到很多其他学员的优秀作业，由此得以相互启迪，彼此增益，这是目前非常受欢迎的学习模式。

如果完成我们线上课程的作业练习，还有机会获得免费快递送书及各种惊喜福利奖励。

↳

你也许会问："我买了图书，还需要参加在线特训营吗？图书和在线特训营有什么区别呢？"

这里就简单说一下图书和在线特训营的区别。我们的图书是系统化的知识，就像是一个结构严谨的武功秘籍，而在线特训营则侧重实训化训练，有导师辅导，就好比教材配套的高级习题集，配有专业讲解、作业修改和分析总结。

系列图书，可以帮助你系统地梳理知识点以及方便、快速、精准地学习；而系列在线特训营，一方面可以促使你在同伴氛围里勤于动手，强化技能练习，另一方面可以帮你得到专业教练反馈，更好地掌握职场技能，还能链接一批志同道合的同学。

所以我们说，"秋叶·7堂课"系列图书是我们规划的完整学习方案的有机组成部分，你完全可以根据自己的需要，选择最适合你的学习方式。

最后，欢迎关注微信公众号"秋叶大叔"和微博 @ 秋叶，这里会不定期分享文章，给你带来新鲜的养料，为你的学习添加更多的助力。

秋叶

2019 年 7 月

PREFACE 前言

　　你好，我是秋叶老师，感谢你对我的信任，购买这本《秋叶特训营写作7堂课》。本书的内容来源于我开设的"写作特训营"课程，一个教你写作的精品在线课程。

　　我希望每一位读者，就算时隔多年，都会感谢自己做对了这笔关于"学习写作"的投资。

　　本书的一开始，我想谈谈如何学习写作这个话题。

　　如今，很多朋友会在网上看到各种写作课程。这些课程多多少少会告诉大家通过写作可以在下班后提升收入，可以在微信公众号、媒体号上投稿获取稿费，写文案获得广告费用，或者自己开通新媒体专栏写文章获取打赏。

　　我希望你思考一个问题：

　　如果写作不能帮你赚钱，那你还会学习写作吗？

　　从2002年到2007年，我整整写了5年，没有直接从写作里面赚钱。你能像我一样坚持写作吗？

　　你要避免一种思维——"比较思维"。

　　看到别人写作赚了稿费，就认为自己也要写，怕错过"风口"。这种不顾自己的积累、时间、精力分配而盲目模仿，是最害人的。

　　带着"比较思维"去学习写作，你也会很快学到一些实用的写作套路。无论是跟哪位老师学，都没有问题。但是你会发现，这些技能的增加，并不一定带来工作绩效的改善，也不一定带来收入的提升。

　　把写作的价值看小了，过于功利化了，反而会因小失大。

写作，可以作用于你工作和生活的方方面面，加速其他能力的增长，比如阅读、演讲、做 PPT、工作总结、项目策划等，绝不只是赚稿费、赚个人品牌的回报。

本书侧重教你写作的"系统思维"，不仅着眼于写作技巧的提升，更侧重于写作"底层逻辑"的刷新，让你的写作水平与时俱进。

我希望本书能教给你的，不只是写作套路，更是高效写作的 7 种良好习惯。

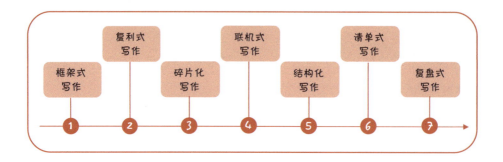

学习写作，应该多了解写作本身。应该怎样构思，怎样积累，怎样把好的见识、方法内化成自身的能力，才能写出好文章？深入了解这些，才能掌握写作的"元知识""底层逻辑""第一性原理"。

框架式写作、复利式写作、碎片化写作、联机式写作、结构化写作、清单式写作、复盘式写作，这 7 种写作能力对应 7 种工作习惯。正是这 7 种好习惯成就了今天的我，所以我特别希望你学完本书后，至少养成 1 ～ 2 个新的写作好习惯。

你将受益终身。

刚才我提到，这本书的内容源自我们的"写作特训营"付费网课，里面所有的理念和方法都贡献给了本书的读者。

难道我不怕"写作特训营"的原创内容被抄袭，或者流传出去后没有人愿意再报名吗？

这个我一点也不担心。

第一，每一期"写作特训营"课程都会进化。

第二，写作需要练习和点评，创造学员一起"斗作业"的氛围，并给予高质量的反馈，才是"特训营"的核心竞争力。

教育是服务业，不是出版物、不是标准化的音频视频卖一辈子。我作为一名有 16 年教龄的老师，这点觉悟还是有的。

第三，优质的学员作业，会创造极佳的分享成长氛围，这会是大家爱上秋叶写作特训营的原因。

写作是无法看会的，你需要练习，练习，再练习。

除此之外，我们在写作特训营中总结出了一套高效的学习模式，我会将其融入这本书，让所有读者都能更扎实更牢固地学习写作。

首先，写作特训营采取的是"预习网课—直播答疑"的学习模式。

每一课我们都会提前放出网课教材，请学员自学，然后我们会搜集大家在学习中遇到的疑问，在直播课程中予以解答。

我们的答疑环节全部在微信群中进行，方便一对一互动。

我认为这样才有讨论的氛围。

其次，写作特训营采取"作业批改 + 每日优秀作业点评"的练习模式，确保大家的作业都有反馈、优秀作业会得到公开点评。

有输出，有教练反馈，才能构成学习闭环。

总结一下 4 点内容。

▶ 网课教材。

▶ 预习答疑。

▶ 作业点评。

▶ 动手实践。

这刚好构成了一个教学体系基础闭环。对于优秀学员，我们还会发证书呢。

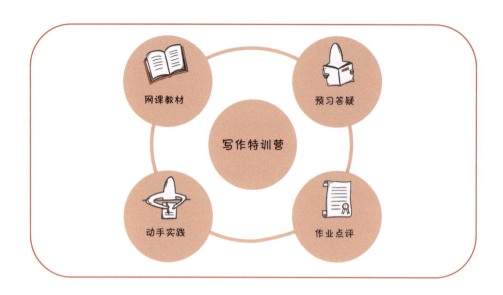

　　这样说，你对本书的学习模式应该清楚了吧？

　　在本书的每堂课中还添加了很多线上课程的精彩答疑片段和往期优秀学员的作业，给大家的学习增添一分助力。

　　希望你能够在学习完每一堂课的内容后，认真完成布置的习题。

　　也欢迎你加入我们的"写作特训营"，一起写作，一起"斗作业"！

目录 CONTENTS

3

碎片化写作 1 小时写出好日更的秘密

4

联机式写作 让你的写作灵感源源不断

5

结构化写作 给你一个方向，马上就能写出好文章

6 **清单式写作** 提升文章阅读指标的关键步骤

7 **复盘式写作** 让你的写作能力快速进化

8 **秋叶寄语**

0 开营之前

写作，是每个人都应该掌握的技能

我们的写作课，不仅教你用写作提升收入，更重要的是让你学到各种职场技能，在职业生涯里源源不断发挥复利效应。我希望你意识到，学习写作这项技能，是你成年后为自己做的一项好投资，而不是一次抓"风口"赚快钱式的赌博。

不理解复利模式，所有的技能学习都可以是一次性投资。

在写作特训营，我们想通过写作帮助大家更好地训练自己的职业习惯，培养职业能力，不要局限在把写作当作下班后增加收入的副业，而要意识到，在工作中一样可以靠写作脱颖而出，受益一辈子。

这本书，以及"写作特训营"，其实是教大家如何通过学习写作，培养可以受益一辈子的良好工作习惯和思维习惯。相信掌握了这些习惯后，你收获的价值绝不只是多写几篇文章增加收入，更能用写作能力解决不同领域的难题。

作为这本书的作者，我希望你能学到什么？有什么东西是在别的地方学不到的？有什么不一样的内容让你感觉物超所值呢？

最近几年，自媒体写作很流行，很多人都想通过写作增加收入，开拓副业，甚至通过写作打造个人品牌。的确有很多人做到了，甚至在很多人眼里，我可能还算是其中的佼佼者。

很多人会问我：

▶ 怎么才能像你一样写得又快又好？

▶ 爆款文章创作有什么窍门吗？

▶ 为什么你这么忙还能坚持写？

▶ 写到后面没有灵感了怎么办？

如果你也想问上面的问题，其实是因为你并没有真正掌握写作的方法。这种专门的方法，是可以通过练习掌握的。

世界上大部分的专业问题，都有专门的方法去解决，而你不知道。

我一直认为，写作，是每一个人都能掌握的技能。

我本人就是这项技能的受益者，但是我要强调一点，让我受益更多的不是写作技能本身，而是我通过写作培养出来的职业习惯。这些习惯被我举一反三，用到不同的工作领域，创造了更大的价值。

写作特训营的一位同学米果说，她很好奇我的写作基本没有受到个人情绪的影响，她特别想学这一点。

我觉得米果说的这一点非常重要，业余写作时极易情绪化，今天有感觉就会写得很顺手，没感觉则完全写不出来，或者写的文字很别扭。很多人到处花钱学写作，希望能多一样增加收入的本事，最后发现最大的问题是自己根本无法坚持写作，更别说增加收入了。

我说，写作给我最大的价值是培养出许多良好的工作习惯，这些习惯在很多场合发挥了巨大的价值。例如，米果说的情绪化问题，就是凭借习惯的力量解决的。

我哪里是很会写的人，只不过工作习惯比较好而已。

我持续写作差不多 20 年了。这 20 年我到底养成了哪些习惯？为什么我觉得这些习惯值得大家去学习，并受益一辈子？为什么我说即便自媒体写作风口过去，你也会感谢自己学习了这门写作课？

我希望大家在耐心听我的回顾的时候，也思考一下，这些习惯对你的写作有没有帮助，除了写作领域，还可以在哪些方面应用。

1998 年，我正式进入职场。因为我比较爱写工作总结、做分析和汇报，很快被领导提拔，得到了很多锻炼的机会。我越写越好，领导很满意，每个月发工资时悄悄给我发红包，比别人多发一点，一开始是 200 元，后来是 400 元，最多是 800 元。在 2000 年，这绝对是一笔巨款。

最能发挥写作价值的平台就是自己的工作岗位。

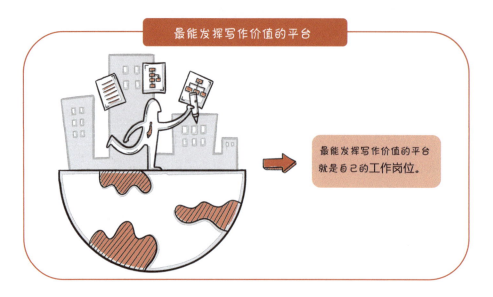

最能发挥写作价值的平台

最能发挥写作价值的平台就是自己的工作岗位。

因为擅长梳理工作流程，总结工作框架，我几乎在每一份工作里都能很快成为佼佼者。当然，也少不了被拉去给领导写材料。给领导写材料很辛苦，但我也因此得到了宝贵的锻炼机会，学会像领导一样思考。

我后来才意识到，职业生涯早期被反复培养的框架式写作能力，让我具备了发现和定义路径的能力。

框架式写作在本书的第 1 堂课，会通过不同场景反复训练，希望你能学会。

2002 年，我开始泡论坛，因为比较能写，被一个信息化论坛选为坛主，认识了一大帮朋友，还写了一组文章《水煮信息化》，发表在《中国计算机世界》。我赚到了人生的第一笔稿费，大约有 2000 元。这件事大大激发了我的写作热情，让我意识到写作这项技能是有价值的，市场会为我的文字定价。

拿到稿费这件事情，还让我意识到一个问题：写作不能自嗨。

我最开始写在论坛博客上的连载文章，被编辑要求的改动很大。篇幅、侧重、文风、排版，全部要做调整，才能适应报刊出版的规范。这件事让我意识到，很多人在写作时缺乏目标导向，没有标准，哪怕坚持好几年，本质上也只是一次次感动自己，对真正的水平提升并没有什么帮助。

和其他工作一样，写作也要有目标导向。文章发表在不同的场合，写作的要求完全不同，你很难想象那些微信公众号里阅读量超过 10 万人次的文章能被直接出版。如果学了一堆写作技巧，却不知道这些写作技巧的适用范围，那么即便偶尔蒙对一两次，依然不能适应写作环境的变化。

所以，在本书的第 1 堂课，我还想教你找到自己的"写作目标"，告诉你这些年，我在不同领域写作时，对写作目标的理解。

驾船的舵手只有明确方向，才能控制住风。

写这本书的时候，我用百度搜了一下，意外发现我 15 年前写下的文章，今天还在被别人拿去吸引读者。虽然回报不是我在获取，但是 15 年前的文章还能创造价值，说明了一点：有生命力的文字能创造复利。

很多人写文章，图一时爆款。一旦过了热点，这篇文章带来的价值就非常少了。写的人看不到持续收益，于是，不得不重新抓热点写爆款，越写越累，越写越乱。写作变成了自我折磨，写作者最终走向自我放弃。

当发现写作能创造价值后，我开始有意识地了解写作到底有哪些创造价值的通道。当我知道更多的回报通道后，我开始思考如何把这些通道串联起来，让一篇文章或者一个灵感碎片可以被持续利用，创造长久的价值。

理财中有一个关键词叫"复利投资"，意思是让自己的投资可以源源不断地创造价值。真正懂得财富管理的人都推崇"复利"，我不过是把它用到了写作上。

也许一篇文章带不来太多的价值，但是坚持复利式写作，你会发现这些长尾价值汇聚起来，会带来巨大的流量，也能带给你个人品牌积累和收入上的回报。

如何建立复利式写作思维，并真正做到复利式写作，这些独家窍门，我都会在这本书里告诉你。

2005年，我转战博客，开始专注信息化领域写作，在小圈子里面也有了一点点影响力。就在这段时间，我学习了很多网文写作技巧，如何写标题，如何在文章中植入"钩子"吸引大家继续往下看，如何制造互动激发读者留言、转载或者点赞。我当年总结的很多技巧，放在今天也没有过时。

在本书中，我会结合新媒体发展的变化，教你实用的网文写作技巧。

2008年，我被邀请参加了"中文独立博客100强"大会。其实我的文章写得不算好，只是当时愿意开博客、写博客，坚持写博客的人很少，被我占了先机。

博客时期，我通过网络写作认识了知识管理专家萧秋水。我们一起合作了第一本书《名博是怎样炼成的——个人网络品牌全攻略》。

我和萧秋水素未谋面，合作出版图书后才正式见面。后来萧秋水写了一篇文章《萧秋水和秋叶网络协作成功五要素》，感兴趣的同学可以搜索下。

我和萧秋水的相识，也说明网络联机写作带来的另外一种可能：扩大自己人生的可能性。

如何通过写作打开自己的个人品牌成长之门，也是我在本书里要告诉你的。

顺便说一句，《名博是怎样炼成的——个人网络品牌全攻略》这本书在2008年出版，销量一般，但是写作这本书让我意识到通过写作建立网络个人品牌的巨大潜力。虽然当时我的文字能力一般，但在2008年，也就是11年前，我已经超前意识到通过网络化写作，持之以恒地经营网络上的个人品牌会产生巨大价值。

我们这批人坚持写了十余年，成了今天的"大咖"。

其实，哪里有什么"大咖"，无非是看准了方向，比别人早出发，顺便把喝茶的时间用于工作而已！

2009 年，我的写作主阵地转入微博这个上升的新媒体，同时我的第一本畅销书《说服力 让你的 PPT 会说话》出版。写作第一次让我的个人品牌发展进入快车道。

《说服力》这本图书的畅销，让我意识到，新媒体时代不仅要掌握结构化写作，也要掌握视觉化传播的手段，自己的影响力才能倍增。

到底哪些视觉化手段真正有效，能让大家的写作从"文字思维"进入"视觉思维"，我在这本书里会告诉你。

日本管理学家大前研一每年写 1 ~ 2 本书，本本畅销，我以前觉得很神奇——他这么忙，事情那么多，如何能做到这一点的呢？

从 2010 年开始，我至少保持着一年出版 1 本书的节奏，甚至是一年出好几本书。从自己写书，到与人合著，到主编策划系列图书，再到系统推广图书，这个领域我积累了很多经验教训。我理解了快速写作图书的方法，也理解了如何出版图书获得更大的个人品牌影响力的方法，这些经验我也会在书里分享。

很多人好奇：为什么我越来越忙，还能坚持微信日更，获得越来越大的影响力？

那你是否还记得，自己读高三时，没有手机，没有电脑，凭借着记忆，就能在一节课时间内完成一篇命题作文，而且还是手写 800 ~ 1000 字。

没有一位高三学生觉得神奇，因为这几乎是每个普通学生都能做到的事情。当然，做到这一点，需要每个人刻意练习。大家都不会忘记，从小学三年级到高三，我们保持着一周至少一篇作文的节奏。

对于大部分成年人而言，自己这辈子写作水平最高的时间，其实是在高三。

这无疑是一件很可悲的事情，但是很多人也会抱怨说，工作越来越忙，手机也让一切时间都变得碎片化，人还需要应对各种社交，哪里来的时间写作？单单找资料都会把时间耗光。

其实，恰恰是在微信写作时代，我才真正理解了如何用碎片时间写作，如何借助互联网搜索功能高效地写作。在和别人闲聊时，我能获得灵感，快速完成一篇文章，发布在微信公众号上，还能让大家喜欢。

在别人抱怨移动网络时代的碎片化时，我反而感觉在移动网络时代，整个世界为我打开了大门。

这些也是我在本书要教给你的技能，如何利用碎片时间写作，如何利用互联网写作。

从 2013 年开始，我开始做在线教育。教育这件事不仅需要我深度结构化思考，把零碎的知识点变成体系，更重要的是我要理解如何把知识拆解成技能点，然后用大家喜欢的方式讲出去。不能简单地讲干货，要讲让大家看得进去，学得到的"干货"。只有这样，文章也好，课程也好，才能真正让大家喜欢，写出来的内容才受大家的欢迎。

这就意味着我的写作内容不仅要有故事，有情感，还得有可操作的"干货"，这就倒逼我把经验变成各种可以执行的清单、操作步骤、表格、模型，这些内容反而在培训课堂上更受欢迎。

这一过程，对于我来说是复盘，对于阅读者，就是可以操作的清单。从写作的角度来看，这种类型的写作创造的价值最大，因为一旦把经验变成可以操作的方法论，就可以复制到图书、网课、内训中，成为标准化产品后反而价值更大。

所以，"清单式写作"和"复盘式写作"也是我特别想分享的。我觉得掌握这项技能，你就可以自由去学习各种新技能，并通过写作分享，转化成各种你内置的技能，这才是最有价值的。

虽然说我也通过写作增加了收入，但对我来说，写作最大的意义不是赚钱，而是：通过写作，我成为一个更专业、更职业、更理性的人。

今天很多人学写作，是因为觉得写作是一件有利可图的事情，他们远远低估了训练自己写作能力的价值。

写作，锻炼了我的思维，提升了我的表达能力，让我的职业习惯远远好于普通人。写作为我的人生源源不断地提供能量和成长的机会，而不是透支了过去的积累，就陷入无话可说的状态。

所以希望你通过写作，也能和我一样收获多多。我相信，我这 20 年职业生涯积累的经验，只要有一个点你真正能学到，成为你职业习惯的一部分，你就会感觉，阅读这本书，是对的！

多说两句，我们每一堂课长度都未必一样，因为不同单元涉及的知识点也不同。但是我希望尽量用最简明扼要的话，说清楚关键点，然后让大家把宝贵的学习时间用于训练和练习。

写作这门技能，是写会的，不是听会的。我会给大家明确的方法指南，大家按我的方法去阅读，去模仿，去写作。

| 作业 |

请按照统一的规则写一篇自我介绍，并说说自己学习写作的预期目标。

自我介绍模板。

我是 ×××

【坐标】

【职业标签】

【我做过最有成就感的事】

【我能提供给大家的资源】

【一句话自我介绍】

【我学习写作的目标】

1 框架式写作

先搭好框架，才能又快又好

扫一扫
听秋叶大叔讲解

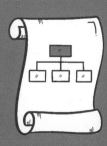

1.1

先搭好框架，才能又快又好

 很多人写不出来文章，最大的问题不是不想写，而是拿起笔不知道写什么好；很多人想要写作，不是写出来一两篇文章就满足了，而是希望能够每天都写出文章。

从这个角度看，如果没有话题可写的话，是非常麻烦的。

还有的人，虽然有很多话题想写，但找不到那么多的故事、图片及金句来充实文章。所以除了话题，我们还需要找到好的素材。

不知道大家是否听说过视网膜效应，这种效应的意思就是当我们自己拥有一件东西或一项特征时，我们就会比平常人更会注意到别人是否跟我们一样具备这种特征。

比如有人想要买一辆车。在他原本的印象中，市场上的车基本都是黑色或白色，所以他决定买一辆墨绿色的中型轿车。但当他买好之后，发现随处可见与自己同颜色的车子。

所以为什么要在写作前先搭一个框架？就是为了给自己设置一个注意力的锚点，把自己要写的话题和灵感系统地归纳记录下来。

因为人的大脑喜欢结构化的记忆，有了框架后，我们就可以把灵感和合适的素材分门别类地放到这个框架里面。

1.1.1 框架式思维是职场通用能力

不仅写微信公众号、写书要用到框架式思维，我要提醒大家的是，在职场，框架式思维也叫结构化思考，是更通用的能力，也更有价值。

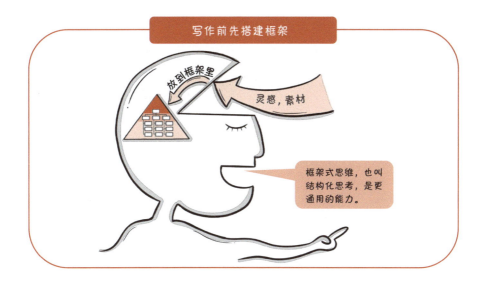

写作前先搭建框架

放到框架里

灵感，素材

框架式思维，也叫结构化思考，是更通用的能力。

比如我们秋叶 PPT，每年都有很多大型促销活动，每次活动结束后我们都要做复盘。一般人的做法可能是：我们每个人都把业绩目标、完成情况、存在的问题、改进的建议一条条写下来。

但是我们整整有 20 多人，每个人这样讲一遍，管理层脑袋会信息爆炸。所以我说："不要这样划分，我们先按空间划分。"

什么叫空间？如下图所示，我们是按部门划分，每个部门把自己存在的问题列上去，将来对照这张复盘表，可以明确地知道谁的问题谁负责，这就是按空间划分。

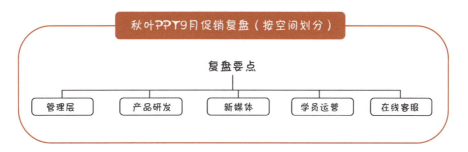

秋叶PPT9月促销复盘（按空间划分）

复盘要点

| 管理层 | 产品研发 | 新媒体 | 学员运营 | 在线客服 |

我们平时写大纲，做框架，有很多空间可以选择，比如产品线、地理位置等。这就是框架式思维的第一个线索，划空间。

除了空间轴之外，框架式思维还有另外一个维度，叫时间轴。就像刚才讲到的促销活动，从时间轴角度可以划分为策划、筹备、预热、活动、收尾期，如下图所示。

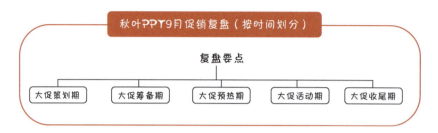

按时间的角度，可以清晰地看出每个阶段哪些工作是重点，哪些工作需要额外关注。

在框架分析时，要记住时间轴是非常非常重要的，时间管理可以划分为职场新人、职场"老司机"以及职场管理层，这就是阶段。

除此以外，我们还可以把空间和时间两个维度结合起来，就得到现在复盘的完整框架。

请每个部门提出自己在整个促销活动不同阶段要关注的事情和要抓的重点，每件事情落实到人，并且给出后续跟踪改进的时间。围绕这张表，我们会发现它很容易做成一张检查清单。

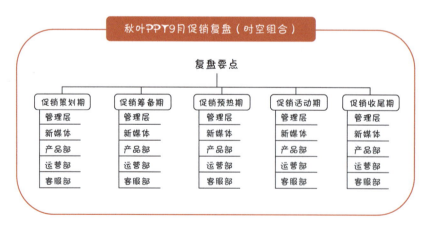

在本书第 6 堂课我会教大家怎么做清单，其实这种框架做好了就很容易变成我们在工作中所需要的检查清单，并大大地提高我们的工作效率。

有了这个框架后，以后再做这样的促销活动，我们就相当于有了项目引导的坐标轴。

我们可以顺着这个坐标轴安排每个人应该在这个阶段重点抓什么事情，并设置对关键"里程碑"的检查。所以，这种框架式写作的能力不只用于写文章，更重要的是能够帮助我们解决很多职场乃至生活的问题。

写作之所以很有价值，因为写作不仅让我们对生活有更敏锐的感觉，更重要的是让我们的生活变得更加理性和有条理。

1.1.2 解决无话可写的问题

我有一个合伙人，"妈妈点赞"的创始人——邻三月。她有一个公众号，2年时间写了3篇文章，她自己说这是一个年更号。

在写作特训营开营之前，我说："我要一个榜样，你必须开始日更。"

邻三月："大叔，我每天要写一篇文章啊？我这么忙，写什么好呀？"

我说："别着急，我给你画个框架，你就写你自己每天在生活中观察到的人和事。按照这个框架，我把它分为身边的人、身边的事和你自己的体验。身边的人可以写家人、朋友、同事和合作伙伴，还可以写私房课、特训营的好学员。将来你成了大号还可以让其他人来投稿。"

邻三月："哇，这么看来，大叔，我可以写好多人呢。每天写一个人，写到3年后也没有问题了。"

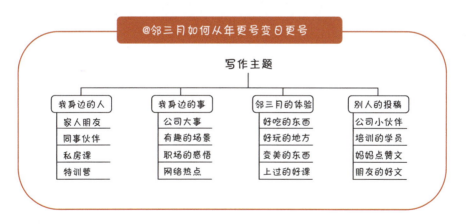

当你有一个框架，你的大脑就不会把灵感放掉，而且一旦你发现有

什么东西需要写，就可以先把它归纳到框架里面的某一个节点，或者给这个节点增加下级节点。要知道，我们的大脑喜欢有结构的记忆。

有了这个结构框架以后，当你和小伙伴聊天时，就会发现到处都是写作素材，然后就可以把素材分门别类地放到对应的框架里。到了一定程度后，就会发现，积累的素材随便整理一下就是一篇好文章了。

本来是年更的邻三月，在我们逼她日更后，9天已经连续写了9篇文章。她和我说了一段话：

"大叔，输出倒逼输入，我发现自己比没日更前，对周围发生的事情更敏锐，更有观察力。因为很小的事情都可以成为我的写作素材，我会比平时更留心、更上心。这种对生活放大镜般的觉察，对时间流逝的感知，让我觉得真的很珍贵、很踏实。"

坚持日更让你成为一个对生活更敏锐，更有感知力的人，你会发现生活中的每一天都变得有滋有味，这比赚一点点钱有用得多，也是世界对我们的回馈，这才是写作最大的价值。

1.1.3 解决素材流失的问题

不仅是写微信公众号，其实我们写书、做在线课程、在公司里做商业计划书、写各种汇报，都应该先写大纲再填充素材。大纲框架可以帮我们更好地开始写作。

比如我想写一本时间管理的书，我就可以先写一个大纲。一开始我想不清楚，可以先有一个比较粗的大纲。如下图所示，我把它分为职场新人、职场"老司机"和职场管理层要学的时间管理术。

写书、做课、写文案都是先有大纲

时间管理大纲（先粗后细，逐步完善）

1. 职场新人要学的时间管理术
2. 职场"老司机"要学的时间管理术
3. 职场管理层要学的时间管理术

有了这个框架后，我在生活中看到所有和时间管理相关的文章、观点和素材，都可以分门别地类归纳到 3 个大类下面，建立子集目录。随着时间的推移，这个大纲就会越来越完善，甚至成为业内一个非常棒的版本。

在这个版本里面，框架的哪一部分有了灵感，我就可以先写一篇文章，作为素材积累下来。

大家不要担心自己写不出好的大纲，重要的是先开始写一个，哪怕还不是那么完善。实在不会写，可以买一本好书，照着别人的大纲，先抄下来，把别人的大纲先变成自己可以借鉴的大纲，然后在巨人的肩膀上成长。

1.1.4　写文章的简单框架

刚刚谈到的框架都比较大，其实我们写一篇小文章或者一篇作文也是有框架的。

比如经常有伙伴问："我想写一个人，怎么写得活灵活现呢？"我给大家讲一个简单的框架：

我和他是怎么认识的；当时的颜色，声音，温度等细节；他怎么和我说第一句话的；这个人当时可能很普通，但是今天变成了一个"牛人"；

作为他的朋友，我知道他背后做了很多事情，很成功，很努力，但即使这么成功，他依然保持了初心；他有哪些事情让人感觉特别舒服；最后再来点小小的祝福，这样就容易把这个人写鲜活。

有了这个框架，我们大脑就能有目的性地回忆和检索过去沟通过程中的信息和资料。

> **即便是写一篇文章，也有框架**
>
> **如何写活一个人（参考）**
>
> 1. 我和他是怎么认识的？——当时感受的细节
> 2. 他现在有哪些让人吃惊或佩服的事情？
> 3. 他做到这些背后付出了怎样的努力？
> 4. 他成功后做了哪些事情让人特别感动和舒服？
> 5. 写到最后，我对他的小小心愿是？

这就叫作大有大的框架，小有小的框架。为什么很多人写文章写得慢，就是因为他的框架太少了。

1.1.5　工作汇报的框架积累

其实在职场中很多工作场合也需要框架。下图是每个职场人都非常熟悉的工作汇报框架中的一种。只要我们不断地积累，就会有不同的工作汇报框架，这些框架都会变成我们解决问题的习惯、方法，甚至是大的方法论。

即便是写工作汇报，也需要积累框架

如何写工作汇报（参考）

1. 上个月工作目标完成情况
2. 存在的问题和原因分析
3. 下一阶段工作改进措施
4. 下一阶段工作目标
5. 具体工作目标划分和对应负责人

框架式写作是我们在职场、生活或写各种类型文章里面都需要具备的，哪怕我们写个剧本，也要明白讲故事的框架。

1.1.6　用框架式写作帮助建立结构化思维

第 1 堂课特别强调框架式写作，其实是为了帮助每一个人建立结构化思维。

我们在网上看到很多"大咖"写文章都非常有深度，其实有深度的文章更需要结构化思维，而不是简单找几个故事，放几张图片，再写一两个金句，把情感稍微调动一下，就指望这种类型的文章让自己成为一个很厉害的人，那不可能。

当我们学习的优质框架越来越多后，就会发现学习新的东西后可以把很多框架融会贯通，写微信文章的框架也许可以用在头条，甚至写书的某一章某一节，这会让我们的学习变得越来越快。

比如怎么起标题，我们看了很多文章，也经常有这方面的爆文，但是如果我们不把怎么起标题变成一个自己的框架，以后把微信公众号换成别的平台，自己还是要从零开始学习，这才叫浪费。

所有的大问题都可以从学习简单的框架开始，一步一步地完善。不要怕自己开始得晚，也不要怕自己开始的起点低，==最重要的是我们勇敢地建立我们的框架==。

我希望大家学完第 1 课，真正围绕自己的方向、爱好和专业，真正整理出自己的框架。写出自己的框架，就会觉得自己的学费已经赚回来了。

社交互联网时代突然来了那么多"牛人"，其实他们不过是比其他人先做了一点知识管理的积累，加上行动力强，所以早一步变现了。

其实，只要我们也能把自己的知识按照框架整理分类，也能做得很好。

| 作业 |

给自己日常接触的工作整理出一个知识框架。例如，怎么给微信文章起一个好标题，怎么讲好一个微信文章里的故事，怎么写好一个微信文章的广告文案等。你可以结合自己的特点，也可以结合工作，比如怎么写好一份工作总结，怎么写好一个项目汇报，把这个框架整理出来试试看。

1.2

搭建你的写作变现的认知框架

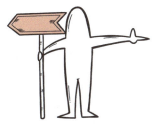

先问大家一个问题：

如果有两个人，一个感情充沛，一个目标导向明确，大家认为哪一个人更能把写作这件事坚持下去？

我的答案是==目标导向明确==的人。

因为目标导向明确的人，会先设定做一件事的方向，然后去了解做这件事的方法和成本，评估过自己的实力和资源后，才会真正去做。

而感情充沛的人，也许天赋更高，文笔更好，但因为容易情绪化，三天打鱼两天晒网，反而浪费了自己的天赋。

比如网上有各种成人写作班，课程设计都很吸引人，该报哪一个？这就需要先问自己：目标是什么？

如果定位不清晰，写作过程中就很容易跟风，但如果跟的风凑巧不是自己的发展方向，投入产出越大，也许越浪费时间。

通常来说，学习写作，要知道以下 6 个提升方向。

▶ 打造个人品牌：成为某个细分领域的头部人物，得到认同，从而可以在图书、网课、线下分享和培训中全面发展。这种写作对人的要求最高，但一旦成功回报也最大。

▶ 快速提升流量：已经有一定的读者基础（微信公众号、微博、简书、朋友圈、微信群），希望提升自己的文章打开率，让更多人愿意看。

▶ 赚稿费：不一定是给自己写，而是给各种平台投稿，争取录用，赚取稿费。

▶ 推广文案：想写出转化率高的文章，提高自己的产品和服务成交率，但未必追求阅读量高。

▶ 结构化表达：提升自己和别人的沟通效率。更多的应用场景在职场领域，不一定要对外分享，当然今天很多演讲、路演、公众汇报场合，对这种表达能力提升要求也很高。

▶ 自我疗愈：这种写作并没有商业上的追求，而是通过写文章自我疏导，让自己变得更开心。有的人把这种写作模式叫"心灵写作"，强调写作是为了自身而写，而不是为了某个任务或取悦某人。这是通过"心灵写作"发现自我、接纳自我、欣赏自我，进而发现别人、接纳别人、欣赏别人的过程。

对于最后一个方向，"心灵写作"与其说是一种写作，不如说是一种心理治疗手段。"心灵写作"让每个人通过文字去记录生命中的感人瞬间，有时候反而能写出让自己看了有触动的文字。

这一领域有一本畅销书——《写出我心 普通人如何通过写作表达自己》，作者是美国的娜塔莉·戈德堡。如果大家想了解这个领域，可以看看这本书。

我的私房课学员马冉冉老师，也是教心灵写作的，她也出版了一系列图书，比如《越书写越明白 十二堂心灵炼金的灵性书写疗愈课》。她的书强调自由书写，故事疗愈，也推荐对这个方向感兴趣的朋友去了解。

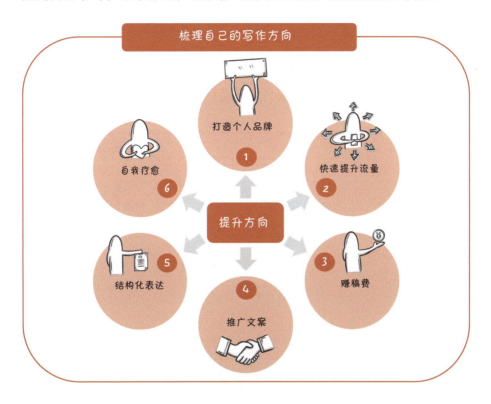

从得到回报的角度，前面 4 种相对可以更快得到回报，结构化表达偏向职场应用，而自我疗愈则是向内求索，并不追求外部经济或声誉上的回报，所以"自我疗愈"不作为本书的重点内容。

这样一区分，我们会发现，虽然这些都叫写作，但是显然每个方向的标准不同，对人的要求不同，回报也完全不同。如果不去区分这里面的差别，仅仅因为别人课程的文案诱惑，一时冲动选错了课程，浪费金钱是小事，浪费了时间才可惜。

讲到这里，我想问问大家：

你过去区分过你写作要达成的方向吗？如果没有搞清楚这些区别，学习写作时会不会"事倍功半"，浪费大量的时间呢？

好了，为了帮大家更好地梳理自己的写作方向，我给大家提供了表 1-1 所示的不同类型写作的入门定位和考核要求。按这张表，大家很快就能找到自己的写作定位。

表 1-1　不同写作的入门定位和考核要求

目标	入门定位	考核要求
打造个人品牌	有一技之长	个人影响力
快速提升流量	有一定读者基础	文章打开率
赚稿费	愿意投入时间练笔	润笔费
推广文案	要推广产品或服务	商品转化率
结构化表达	所有的职场人	沟通质量
自我疗愈	喜欢通过文字表达	开心就好

有很多朋友说自己想学写作，就是为了多赚一点钱。问题是前面谈到的 6 种方向，都可以通过某种方式得到回报，但是显然每一种方向对人的基础要求是不一样的，回报的方式也是不一样的，要培养的能力也是不一样的。

想想看，在准备提升自己的写作能力之前，自己的写作目标到底是哪种？

有了这张表，对我们而言，至少有 3 个价值：

（1）明确方向：通过梳理不同的写作提升方向，明确自己要提升的方向，并用目标管理的 SMART 原则（表 1-2）明确自己在学习写作时要努力达成的成果。

表 1-2　目标管理的 SMART 原则

SMART 原则	你的写作目标
Specific 明确	目标要清晰、明确
Measurable 可衡量	目标要量化
Attainable 可达成	目标不能过低和过高，要可以做到
Relevant 相关性	目标要和努力的方向有相关性
Time-bound 时限性	目标要有时限性

这本写作主题的书，与其说是教如何写作，不如说是教如何结构化思考，并通过文字呈现大家的思考，引入同伴氛围互相点评，让大家一步步把自己的思考方向打磨清晰。

一个人的方向越明确，目标越清晰，达成结果的可能性越大。

（2）选对资料：学习任何一项技能，都不可能只听某一位老师的课程、只看某一位老师的文章和图书就够了。

我们教大家学写作，绝不搞什么门户之见，认为只有我们的写作课更好，而是鼓励大家兼收并蓄，广泛阅读和学习。

但是知道自己的方向和目标后，在一段时间内，就要有能力判别和选择哪些关于写作的资料或课程更适合自己，学习针对性更强，可以避免时间和投入的浪费。

对于每个写作方向的学习，我们会推荐一些经典或者热门的图书，既方便大家深入学习，又节约大家选择的时间。我觉得没有什么比买好书更值得的投资。

（3）细化目标：光有方向没有目标是不够的，我们要细化自己的目标。

作为一个写作练习者，在写作训练前需要给自己一句话承诺：

我要在 _____ 方向，每周写出 _____ 篇超过 _____ 个读者愿意点赞的文章。

请明确自己写作的目标。

别担心，我们在这本书中教的更多是高效写作者的习惯和思维模式，不管你最后选择哪种写作方向，我们教的方法和习惯，不仅都适用，而且可以帮你更快达成目标。此外，这些能力还能用在你平时的职场工作中。

另外，也要请各位理解，我们这本写作书中的教学设计，更多是采取启发式、探究式的教学模式，而不是给大家所谓的标准答案。

相信大家在一步步按照我们的方法完成探究的过程中，会看到自己思维习惯的改变。思维方式一改变，整个行动思路就变了。

下面就具体说一说不同写作方向的路径，方便大家快速地了解达到目标的经验路径。

1.3
搭建个人品牌写作的框架

1.3.1　写出个人品牌，要注意 3 个关键点

在"框架式写作"这堂课，我们会特别强调个人品牌写作。倒不是我们希望每个人都围绕个人品牌写作发展，而是个人品牌写作难度最大。当掌握了难度最大的方法，再去做其他的写作练习，难度反而会变低，说不定还保留了打造个人品牌的可能。

在个人品牌写作这一节，我们重点强调"框架式写作"。掌握了这个方面，可以说在很多领域能一通百通，我们后面的几种写作目的，都会要求大家用"框架式写作"进行反复练习。有意思的是，前面谈写作要有目标的时候，其实已经开始示范如何构建框架了。我们不是马上陷入细节，告诉大家文章标题怎么写，结构怎样组织，而是告诉大家，先从整体思考，了解了文章类型，再选择更适合自己的学习模式。我们为大家先搭了一个框架。

要在某一领域打造个人品牌，这是一件有野心的事情。有野心的事情，需要深度的投入和周密的策划，不能东一榔头西一榔头，结果反而容易半途而废。

今天要做个人品牌，就不能简单局限在只做写作练习，首先是要有"卡位①意识"。卡什么位？你认为在这个领域你能超过绝大多数人，就可

---

① 卡位：卡位最初是篮球比赛的常用术语，指比赛中抢先占据有利位置，将对手阻挡在最佳位置以外，从而获得控制权。此处指占领某一细分领域，通过有效地经营该细分领域，成为该细分领域的代表者和领军者。

以去这个领域卡位。

不需要担心自己想卡的领域有多少"牛人"比自己强，真正的问题是有没有足够多的人关心这一领域，有就一定能卡位。没有人关心，哪怕卡位第一名也只是自娱自乐。

如果已经有了个人品牌的定位，那么下面这张图就很重要了。

关键点1：请系列化运营自己的个人品牌。

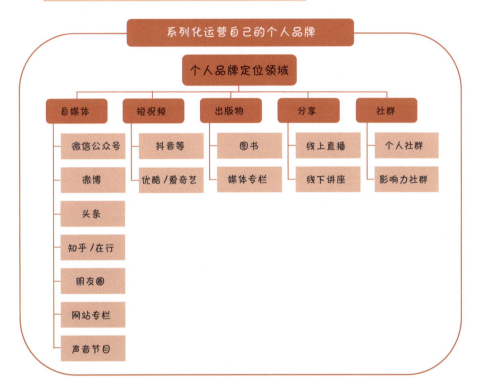

如果准备做个人品牌，拼命写是不够的，还得理解多平台卡位的思维。在今天一个人要做个人品牌，首先就要建立全局思维。

要实现个人品牌卡位，做个人自媒体，就必须想好自己的个性名称，在某一领域积累一定的观众基础。另外今天要获得流量红利，最好开始卡位短视频分享领域。

在某个平台上获得影响力后，要争取在传统纸质媒体占据一席之地，获取主流社会的认同。

同时要通过线上线下"刷脸"扩大影响力，然后把各个渠道认识的铁杆粉丝组建成自己的社群，然后借助自己的社群影响力，不断链接更有影响力的社群，链接高端人脉，扩大自己的影响力。

关键点2：请选择一个适合自己发挥的平台。

很多学员遇到的一个问题就是贪多嚼不烂。不能因为看到平台多，就盲目选择，或者担心自己错过了某个"风口"。

要打造出个人品牌，先不要着急研究怎样写作，而是先选一个自己相对容易冒尖的平台，然后努力在这个平台上深耕，做出影响力，再逐步把自己的影响力辐射到其他平台上。如果自带流量，去任何一个平台，都会带一部分读者过去，而且平台为了挽留你，会提供免费的流量扶持，这才是快速打造个人品牌的关键点。

最佳策略是：先在一个点突破，再借势卡位多平台。

我当初就是先引爆了图书，写出了畅销书，进而把读者导流到微博，带动了我的微博自媒体，等微博影响力积累到一定程度，又打开了微信公众号平台的流量红利大门。到今天，我开始多平台卡位，一步步地扩大流量矩阵，这些也不是一蹴而就的。

关键点3：请明确自己产出的内容的风格。

如果选择对了平台，那么接下来要做的工作是确定在对应平台上的写作风格。

要打造出个人品牌，和只是写稿赚钱赚流量不一样，最好有一定的个人风格，让自己的文字在内容之外加上个人的温度，这样才方便读者对你产生独一无二的印象。

怎样写稿有很多文章介绍，但是如何在文章里加上自己个人独有的标签，很少有人介绍。

是不是在微信文章结尾加上一个"高大上"的自我介绍和美图就够了呢？

正确的方式是如何理解风格吗？——其实本质是人对什么内容敏感，突出这一点，就能给自己的文字带来风格。表1-3是我们总结的突出风格的方法之一，供参考。

表 1-3　突出个人风格的方法

人的敏感来自于五感	你的风格
视觉	保持个性化的排版 风格一致强的配图 极有视觉冲击力的个人照片
听觉	精心的选曲 独特的嗓音
知觉	极具个人风格的文字 思辨系/幽默系/疗愈系/唯美系/鸡汤系
嗅觉/味觉/触觉	极具场景感、层次感的文字 思辨系/幽默系/疗愈系/唯美系/鸡汤系

很多人希望写出个人品牌，但是在打磨个人品牌时却缺乏深入思考，写出来的文字虽然能在大号上有 10 万人次转载，但就是无法让别人记住作者是谁。

现在很多大号文章都是投稿者写的，但是大家只会记住大号，而不会记住供稿者，原因就是大号有自己的风格定位，每一个投稿者写出来的文风都是符合大号定位的，自己本身的面目模糊不清。如果是定位个人品牌写作，当然很难出头。

比如我的微信公众号"秋叶大叔"，因为没有时间排版，我就选择了一种极简风格的排版方式，最大化地节约我的时间，反而因为坚持，成了一种风格。

我把大部分精力放在内容写作上，希望写出大家读完开心一笑、有所启发的文字，不"鸡汤"，不"狗血"，所以我基本上不蹭热点，不点评时事，也刻意不用太刺激眼球的标题。我的文风总体是温和的，不过度挑逗激发观众的情绪，也不引导他们转发扩散，带动我自己的流量。

我希望大家读我的微信公众号，最终感受是不焦虑，能看到生活中美好的一面，还能从中找到切实可行的方法，更好地为自己的明天努力。

我这种微信定位显然很难写出爆款文，也很难快速增加粉丝数。和绝大部分微信公众号比起来，我很低调，但是这样反而强化了我的个人品牌，认同我的人非常认同，这些人支持我，帮助我，反而让我的事业发展得更顺利。

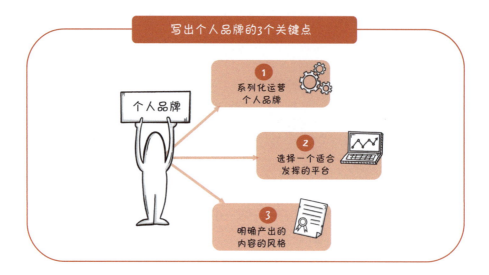

如果想坚持个人品牌写作，就需要回答 3 个问题：

▶ 你准备从哪个平台开始起步写作？

▶ 你准备搭建哪些平台做个人品牌运营？

▶ 你的个人品牌写作，个性化风格是什么？

1.3.2 个人品牌写作关键技术：框架式写作

在某个领域系列化产出有影响力的文章或图书，是快速打造个人品牌的有效方式。这就要求写作者具备框架式写作的能力。

什么是"框架式写作"，就是针对自己擅长的领域，列出所有可以讨论的话题，按照一定的逻辑顺序建立话题库，最终可以看作一本图书的原型大纲。

我们也可以把"框架式写作"叫"书目式写作"，这也是我在专业领域最常用的一种写作方法。当我准备深入研究一个领域时，我会做 3 件事。

▶ 梳理这个领域里面全部的重要基础概念，可以持续更新。

▶ 去网站搜索这个领域所有重要的问题（在百度知道、知乎、微信公众号等平台用关键词搜索文章、相关的图书目录，相关的学术期刊论文）。

▶ 把这些问题组织成一个写作框架大纲。

有了这个写作框架大纲，等于有了一个索引，这个索引可以用于存档资料，也可以用于积累写作话题。

这就叫对一个领域建立全局视角，意思是一开始就构建全局观。

假如把某个领域想象成一棵树，那么这个领域的重要问题就如同树枝（树枝上还可以再生树枝），而不同的主题如同树叶，分属于不同的主干或枝杈。画出了某个领域的"知识框架树"，就等于在这个知识领域构建了全局视角。

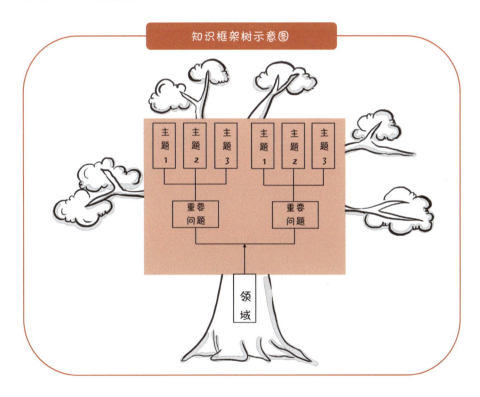

这个方法我是通过阅读日本管理学家大前研一的图书悟到的。我曾经很好奇为什么咨询顾问能在很短的时间内搞清楚一个领域的问题，并快速提出自己的深度见解，后来我研究了大前研一做咨询顾问的方法，明白了从一开始就必须站在比客户更高的角度去思考问题。

以学习演讲为例，我会在一开始就强迫自己思考一个问题：

要成为一名演讲高手，到底要系统地学习哪些知识？

如果进入这样的思考模式，就有可能一点点画出这样的知识框架树。一个好的关于演讲的知识框架树可由入门概念、基础知识、专业知识和训练支持手段 4 个部分构成。

▶ 第 1 个部分叫入门概念，要搞清楚演讲的定义，以及它和分享、演示、培训的区别。

▶ 第 2 个部分叫基础知识，要做好演讲，需要懂一点儿逻辑，具备一点儿写演讲稿的能力，会做 PPT，有了这些基础才能更好地理解演讲。

▶ 第 3 个部分叫专业知识，包括怎样发声、如何控制肢体语言、如何选择个人台风和演讲服装。还有其他各种细节，比如演讲主题的策划，演讲内容的组织，PPT 的制作，这些都可以理解为领域专业知识，这些知识也可以逐步细分，让知识框架树变得越来越饱满。

▶ 第 4 个部分叫训练方法，是很多人容易忽略的学习内容。如何训练才能把这些知识转变成自己的能力？知识并不等于技能，技能是需要训练的，要训练就得有一定的方法和流程，也必须达到一定的训练量和标准，甚至通过某种特定的考核。

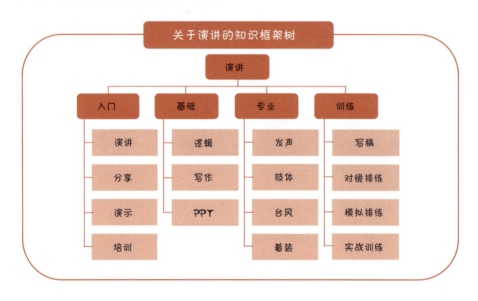

在确定了个人品牌方向后，就要主动就这个方向尽可能画出完整、专业的知识框架树，先初步建立对这个领域的整体认识，然后再进入有灵感的单元去写作，这种写作方法和无体系写作相比，效率更高，积累速度更快。

建立专业的知识框架树时还得考虑时间这个变量，人在不同的阶段，对专业知识和技能的贮备其实是不同的。比如在时间管理领域，管理时间的方法论很多，对于职场新人、中层、高层来说，要用到的时间管理方法是完全不同的。对应的知识框架树，可能也要分初级、中级、高级 3 个阶段。初级是个人时间管理，养成好的作息习惯就够了；中级是效率管理，争取单元时间的产出更高效；高级是团队的时间管理，更看重团队的整体统筹规划能力。

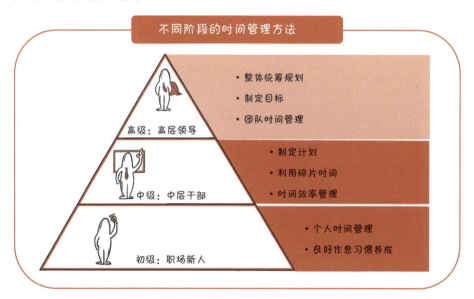

这两个简单实例的讲解，其实是想告诉大家规划知识框架树的两个维度，一个是空间维度（入门、基础、专业、训练），另一个是时间维度（初级、中级、高级），从这两个维度来组织知识框架，就可以很快画出自己所要学习的专业领域的知识框架树。

要特别提醒的是，组织素材的框架理论有很多，我们推荐的这两种基于空间和时间的组织方式，是相对简单易掌握的模式，方便大家模仿和起步。

例如，新媒体运营的写作就可以根据时间和空间维度划分为初级运营（文章排版、标题和正文的写作）、中级运营（短周期的选题规划，文章阅读数据）和高级运营（长周期的选题规划，文章的总数据、商业变现等）。

知识框架树，对于写作和学习来说有很多好处。

（1）可以站在全局角度安排学习侧重点，近期要写什么内容，就抓紧搜集这方面的资料，快速自学。

（2）平时发现有用的素材后，可以按照自己的知识框架树贮备材料。

（3）灵感来袭时写出的好文章，也可以很方便地归类到个人的知识框架树上，日后对其进行系统的梳理，就会成为做网课、写图书的极好素材。

我们公司的一位职员考拉，一直深入研究新媒体。他就采取框架式思维方式做思维导图，看到一个知识点，就把相关的知识分门别类地归纳，比如看到微信公众号起名的问题，他就将其整理到一个知识框架树的一个节点上，看到有关的素材信息，就随时更新这个知识框架树节点，长此以往，他就建立了对这个知识点的全局性认识。

等积累了足够多的内容，他就可以写一篇《如何起一个令人印象深刻的微信公众号名？》的文章。这样的文章积累多了，他甚至可以开发类似的微课，写书，尝试将积累的知识变现。

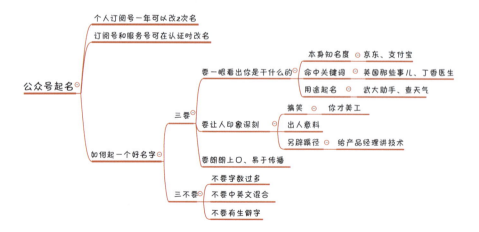

网上还有很多教起微信标题的文章，大家在看到这些文章时，应该像考拉一样，马上意识到这也可以整合为一个知识点。

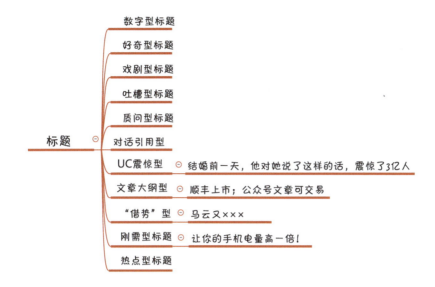

后来，考拉又进一步发现，这些起标题的套路其实也可以应用在微博头条、今日头条，只不过每个平台会有微小差异，一旦他搞清楚了微信公众号的起标题的方法，就可以沿用这个结构去写这样的文章：

▶《如何为微博头条起标题？》
▶《如何为今日头条起标题？》

这样，就针对不同平台的受众选择了不同的句式和关键词，能够在相应平台获得更好的关注和推荐。

也就是说，通过大量阅读文章，可以为自己快速建立一个知识框架，这个知识框架可以轻易复制到其他同类领域，实现知识框架的迁移。

一旦建立起知识框架迁移意识，学习另一个相关领域知识的速度，就会成百倍地提高。我们让大家努力学习个人品牌写作，目的就是让大家掌握这种框架式写作的方法，今后可以快速迁移。

虽然第一次学习会很累，但是熟练掌握后，以后每一次关联跨界学习的效率都会成百倍提高。

比如我们想要学习微信订阅号的运营时，可以设计下图这样的提问大纲，这个大纲其实就是一个学习框架，它对我们快速学习微信订阅号的运营知识是很有帮助的。

先来一个示范：微信

基础知识

什么是订阅号？
订阅号的前世今生是什么？
订阅号和服务号有何不同？
订阅号和微博头条有何不同？
订阅号如何注册和开通？
订阅号如何发布内容和与粉丝互动？

运营知识

订阅号如何取标题？
订阅号如何配头图？
订阅号如何写才能吸引人？
订阅号正文的排版技巧有哪些？
订阅号如何获得转发？
订阅号如何增加粉丝量和变现？

把这个大纲改成填空题，还可以用于针对其他主体的写作，比如微博或今日头条。

再来一个模仿：微博

基础知识

什么是_____？
_____的前世今生是什么？
_____和_____有何不同？
_____和_____有何不同？
_____如何注册和开通？
_____如何发布内容和与粉丝互动？

运营知识

_____如何取标题？
_____如何配头图？
_____如何写才能吸引人？
_____正文的排版技巧有哪些？
_____如何获得转发？
_____如何增加粉丝量和变现？

很多领域的知识是可以融会贯通的，搞明白了微信公众号的运营，很多做法就可以复制到头条号的运营中。一旦有了知识框架，就可以借助对这个知识框架的更新，实现能力的快速复制和迁移。

一旦我们不再一个一个知识点地重新学习，而是用快速复制框架的方式学习新领域的知识，我们的学习效率和写作速度就会得到极大提升，而且很多不同领域的知识可以交叉印证，我们会越学越好，越写越能够得到更多启发。

框架式写作不仅可以帮助大家在所有的写作领域快速脱颖而出，而且还可以帮助大家在日常工作中快速梳理出工作思路，令大家受益无穷。

就写作而言，只要完整地梳理出一个优质的主题写作框架树，这个写作框架变成思维导图，本身就是一个特别好的写作分享题材。

再分享一个我给同事的写作框架，说实话，日常工作中更需要框架式写作思维，它能使我们的工作有条有理。

《如何做在线教育产品的竞品分析》

一、平台与市场

1.1 发布平台及平台定位

1.2 销售规模（有的要换算）

1.3 产品定价（有无分销）

1.4 日均销量（有的要估计）

1.5 上线时间

1.6 市场总体容量预估（一年各大平台收入）

二、产品特色

2.1 产品形式

2.2 课程大纲及时长（有的要估算）

2.3 课程主打卖点

2.4 课程口碑（口碑人数，评价，常见好评，常见差评）

2.5 更新模式

2.6 精彩教学方法拆解

2.7 产品系列化承担及销量

2.8 升级节奏

2.9 主讲老师和团队规模

三、运营模式

3.1 推广渠道（需要反向搜）

3.2 推广频率及重要时间节点

3.3 推广福利设计

3.4 学员留存模式

3.5 学员服务模式

3.6 经典文案（可以多篇）

3.7 合作伙伴资源

现在是不是连不怎么会做竞品分析的你，也有了清晰的思路？

| 作业 |

能否就你的写作领域，构建一个写作知识框架树？

即便是投稿，也可以构建如何让投稿快速得到录用的知识框架树。

即便是"蹭流量"，也可以构建提升流量的知识框架树。

看看别人的作业吧！

1.4

用"框架式写作"快速搞定提升流量的文章技巧

如果你有一定的读者基础，那么写作的关键便是提升流量，并带动转发，吸引新的读者。很多公司的官方微信公众号运营者，在考核时面临的主要压力就是流量。

如果你的目标是提升流量，那么你真正要学的不是写作，而是围绕写作的系统运营能力。单单靠写作是无法提升流量的，这一点要非常清晰地意识到。

按照"框架式写作"，我们梳理一下下图所示的，快速提升流量甚至引导增加粉丝数的技能框架，看看要注意哪些关键环节。

这是我基于自己的运营经验快速写出来的框架，只要能基于这个框架持续完善下去，就可以得到非常好的结构化流量提升的框架思维，而不是学到了几条给微信公众号起名字、写爆文的建议，就认为解决了问题。

有了这个框架，如何快速提升流量、引导关注就变成了一个知识框架树，我们可以用这个框架树上的关键词去搜索相关的文章，将发现的好技巧合并到知识框架树中，在以后的写作中对其加以实践、提升和验证。

按正常的思维，我们应该教大家如何写微信爆文，并提供几点建议，但是这种直接给答案的方法存在两个弊端。

第一，它并没有教会你独立解决问题的方法，你没法举一反三。

第二，它没有办法迭代升级，而在移动互联网时代，任何方法都需要迭代升级。

对于我们来说，关键是要建立知识框架树，并定期对其进行升级。

假如你已经搭好了框架，现在的问题是想知道《如何为你的微信文章起一个好标题？》的答案，那么你只需要用这个标题做关键词搜索，很快就能找到两篇微信文章，搜索标题即可找到：

（1）《抓人标题的八种文案构思法》；

（2）《教你马上写出吸引人标题的 38 种方法》。

大家看完这两篇文章，就会对基本套路有所了解，根本不需要额外花费一分钱，这里面的内容比大部分写作营里介绍的都完整。

所以本书教大家的是动手更新知识体系的方法，是一个可以持续地解决问题的方案，而不是一个一劳永逸的答案。

在网络搜索关键字"水煮信息化 秋叶"即可找到我在 2004 年写的《水煮信息化》。我那时刚 28 岁，写文章的方式就是先规划好框架，然后开始系列化写作。

这样写作使我很容易地通过写作完成了自己的知识积累，这种结构化思维，也使我在之后出书、做课程时都事半功倍。

当然，太多的信息、各种专业建议可能会搞得人晕头转向，所以我也提供一个简单的爆文公式：

爆文 = 好标题 + 蹭热点 + 小故事 + 真情感 + 炼金句

按这个公式逐步提高，当然能写出好爆文，这里面的技能点，我们在后面的课程里会涉及，这里先不展开。

| 作业 |

完成提升流量的知识框架树，然后针对框架里的每一个知识点，找到网上你认为最佳的文章的链接。

1.5

增加收入来源，用框架式思维做系统梳理

很多人希望通过写作找到下班后增加收入的通道，其实最关键的不

是提高写作水平，而是找到愿意付费购买稿件的渠道，特别是符合自己写作习惯的投稿渠道。

如果你拥有购买付费稿件的渠道，那么你可以自己投稿，也可以组织会写的人投稿，自己获取中介费，这些都是很好的赚钱方式。

如果目标是通过写作获取稿费，那么关键是得到约稿渠道的认可，而不是花费大量时间去练笔。就好比做生意，先得有订单，才能去生产。

很多人的想法是等练笔练到位了，再约投稿也不迟。这种思维本身就是错误的，我们应该主动挖掘投稿渠道，评估达到投稿条件的标准，发现合适的就抓紧试稿。

假如你看到一个微信公众号的文章质量一般，你自信能写得更好，而且这个公众号还付费约稿，那么你就应该马上去尝试投稿，一旦拿到第一笔稿费，你就会发现：

没有什么比金钱激励更能倒逼你的文笔进步。

还是运用框架式思维，我们做了一个表，如表 1-4 所示。

表 1-4　不同的投稿渠道及相应条件

约稿类型	约稿方式	合格标准	稿费标准	约稿周期	合作人脉
企业公号	兼职写稿		月薪制	保持一定节奏	
微信大号	主动投稿 内部作者群约稿	参考公众号 历史文章	保底稿费+ 爆文奖励	不定期	
人物专访					
游记					
书评					
影评					
食评					
产品测试					

质量高的征文、专访、游记、书评、影评、乐评、食评、产品评论，都应该能找到合适的渠道。

目前来说，相对较大的赚稿费的渠道是微信公众号，大部分渠道都公开对外征稿，比如在秋叶团队的微信公众号、头条号、百家号上发布原创稿件，一经录用都有丰厚稿酬，如果文章阅读量高则另外有奖励。

1.6

用框架式思维，找到写好文案的好书单或好范文

写文案，在广告圈里是一门大学问，真正要学起来，要看很多书，还需要针对很多实战案例做复盘。

多看书，多看范文，模仿成功文案的写法，这是写出好文案的有效方式。

文案的种类其实很多，品牌文案、公关文案、活动文案、产品文案、促销文案、朋友圈文案、微信群文案……在不同场景下，文案的写作风格完全不同。文案都是为了更好地推介企业品牌、活动、产品，今天还流行引导用户集体创作，一起用社会化方式做互动营销，引爆流行。

关于文案学习，最好的方式是 系统进行主题阅读，然后开始练笔。

我们应该用框架式思维列出写好文案必读的书目和优秀范文清单，对清单上的图书和文章进行阅读和学习才是提升文案写作能力的好方法。

不要指望学会某一个套路就能解决文案写作的问题，要用框架式思维理解我们要侧重在哪个领域学习文案，先对标对象，再持续学习。

下面是我推荐给大家的一系列经典文案好书。

《一个广告人的自白》，大卫·奥格威 著

《文案创作完全手册》，罗伯特·布莱 著

《完全写作指南》，劳拉·布朗 著

《尖叫感：互联网文案创意思维与写作技巧》，马楠 著

《爆款文案》，关健明 著

《10W+走心文案是怎样炼成的》，卢建彰 著

还有两本是我们团队出的教材。

《新媒体文案创作与传播》，叶小鱼，勾俊伟 著

《软文营销》，梁芷曼 著

| 作业 |

在清单中补充你看过的文案或软文好书，说明这本书侧重哪种类型文案写作，说说你推荐的理由，还有你通过学习哪种方法，写出了好文案，欢迎举例介绍。

1.7

课后答疑

问：有哪些写作框架明显且典型的"牛人"？

答：所有的"牛人"都有框架。

你应该理解一点，所谓"牛人"，恰恰是熟练掌握了某种高级技巧的人。

真正牛的人，一定有你不知道的技巧，而且你只要反复研究，就能发现他们写作或者进行其他工作的习惯思维。

这种思维模式和知识背景，才构成了他们完整的工作框架。

为什么我们有时候看不出来呢？

第一，彼此的知识积累不同。你跟不上"牛人"的贮备，就会因

为要不断理解"牛人"的信息量而失去把握人家框架的能力。

第二，你进行的框架训练太少，以至于很容易被别人的观点和节奏带跑，看不出人家的思考逻辑。

问：想做个人品牌，但是现在还没有专长，不知道自己目前定位做个人品牌是否合适，怎么办？

答：首先我建议先把目标调低一点，分3步走。

（1）努力成为一名专业人士，可以靠专长活得很好。

（2）努力在专长之外，培养一种传播专长的能力，比如写作、演讲、直播、培训、信息图表，等等。

（3）等积累到在小范围具有一定影响力时，再考虑个人品牌。

需要提醒的是：

（1）不管在哪个阶段，写作都是加速成长的基础能力；

（2）打造个人品牌是一个非常难的目标，要拼命努力才行；

（3）即便最终没打造出个人品牌，你也至少要成为专业人士。

另外，新手能在一个领域有所突破就不得了，千万别想着一上来就多元化发展。人家刘德华，也是演戏红了，才开始出唱片的。但是我们不反对你在学演戏的时候，就练习唱歌的技能。

切记：技能积累 = 打造个人品牌。

问：框架式写作是方法，在实施之前，确定自己到底要不要这么干，是个更大的前提。怎么确定是否要干呢？

答：不管在哪个领域，只要你足够坚持，方法正确，努力个十来年，都能打造出个人品牌。

成功和天赋的关系不大，却和一个人的家庭环境、教育背景、视野格局、身体素质、个人性格、情绪管理能力有很大关系，另外和所处时代机遇也有很大关系。

即使是普通人，只要选定一个领域，傻傻地去做，结果也能成。我做 PPT 就是一个案例，就做 PPT 而言，我技术一般，也没有审美天赋，都是后来的积累使我达到了现在的水平。

很多人怕走错方向，浪费了天赋，我根据这么多年的观察体会总结出 3 点：

（1）如果你认为自己没有天赋，那么不管在哪个领域，你都没有什么天赋可以浪费；

（2）你过去觉得自己在某些领域有兴趣，或者有天赋，主要是因为你还没有接受这个领域的专业挑战；

（3）你喜欢哪个方向不重要，市场需要哪个方向才重要。——我永远会选增加收入的方向，当然前提是我能搞定。

有些人的悲剧是不肯接受自己是个普通人，我是到 32 岁才意识到我和别人没有什么不同，别人需要 10 年才能成功，我可能需要 12 年。所以我就变得特别踏实，心态平和，情绪稳定，我不会再浪费时间在自我情绪对抗和无效的人事纠纷上，向着目标一步一个脚印走下去就好，成功无非是抓住时机，借势而为。

我还得说一句：只要能增加收入，我就必须搞定，搞不定我会去学。反正我只需要击败那些纠结的人就好了。压力管理的市场大，我就做压力管理，礼仪管理的市场更大，我就做礼仪管理。我知道大的市场"牛人"多，但我可以在大市场里抓"牛人"做不过来、不愿意做的小市场啊。

问：虽然说可以通过完善框架，建立全局视角去快速熟悉一个行业，但是否能将该行业的知识掌握好也取决于搜索到的内容质量。如果身边没有从事这个领域的朋友，如何了解自己构建的知识框架树是否包含了所有的重要事项？

答：我觉得比较好的方法还是去找到一个这样的圈子，比如通过

"在行"软件。做了框架后，请教行家，可以为你节约大量时间，甚至可以请行家将他自己的好框架分享给你。

另外找到这个领域的相关书籍。大部分情况下，书籍的含金量比网络搜索出的内容的含金量要高很多。——我赞同在发展了多年的领域，先看书搭建框架。

除此之外，还有哪些有效途径能补全自己的知识框架树呢？最简单的方法，就是每天都坚持搭建框架，迭代完善，将之变成习惯。还有一点："他山之石，可以攻玉。"不同学科跨界，会带来框架的跃迁。

问：我发现自己在实际使用框架式思维的时候，会对我列出的这些子项目会不会有遗漏产生疑问。这个问题怎么解决？能通过什么思考方法自我解决吗？

答：肯定会有遗漏，但是可以在工作实践和阅读的过程中，慢慢完善。我就搞不懂，为什么很多人做很多事都可以将就，一到学习的时候突然变成了完美主义者。

记住，在学习过程中假装自己是一个"完美主义者"，其实就是发出危险的借口——我不想学，假如我不能确定自己能做到最好的话。

在确定写作框架树以后，可能需要收集大量的素材并从中挑选。如何保证素材收集来源足够广，覆盖大部分的素材？通过什么样的思考方法或者工具组合实现？

没有人能保证，要么花钱找人做，要么自己花时间看。我奋斗这么多年，不就是想从花时间自己看，升级到花钱请人讲框架吗？

2 复利式写作

让你的写作成为复利式投资

扫一扫
听秋叶大叔讲解

2.1
复利式写作，让一次写作带来多元回报

很多朋友学习写作就是想要赚钱。赚钱挺好的，我也想赚。

但我们很多人把写作理解为赚稿费、赚打赏，这就狭隘了。

越是盯着钱去做事情，钱往往离我们越远。

所以我们要赚什么？赚朋友、赚本事，自己的能量越大，越会发现钱很快就到自己身边来了。另外，我们还要特别强调一下，要有一鸭三吃的意识。

很多人都知道巴菲特每年会提供一些和他共进午餐的名额，巴菲特会跟所有与他共进午餐的人讲：在财富里面，最重要的不是现在这一笔赚多少钱，而是复利效应。

所以巴菲特的投资哲学里面有一句话叫："Buy and Hold（买下并长期持有）。"

这就启发了我，我观察自己写的文章，帮我赚最多钱的文章其实并不是我拼命写的文章，而往往是我写了一篇好文章，有人把它发到了自己的微信公众号，我自己也把它发到公众号，还写到我的书里面，到处传播。

这样的文章叫有复利效应的文章。所以帮我们赚最多钱的文章一定是值得再看一遍的文章。

但是很多人的文章，坦率地讲，只能在那几天蹭一下热点。过了半年或一年，你还会回头看吗？这样的文章不可能带来复利效应。

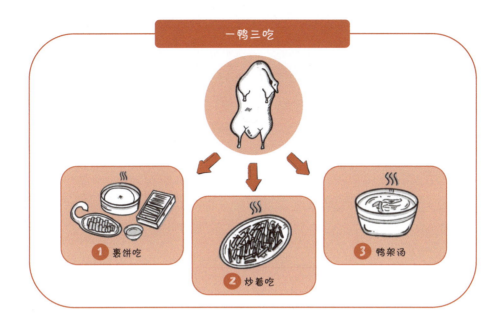

一鸭三吃

① 裹饼吃   ② 炒着吃   ③ 鸭架汤

所以日更不是最重要的，与其低质量地日更，还不如想想前面讲到的"一鸭三吃"。

==让一次写作，带来多元化的回报，让它成为你的优质资产，知识资产。==让这份回报的生命周期延长，从写一篇文章，到把这篇文章变成分享，变成演讲，变成图书，变成培训的素材和知识点。

这样，就可以把自己的作品的生命周期延长，获得更多回报。

另外，和大家分享一个秘密：

写文章不难，但是写一篇阅读量达10万人次的文章，真的是非常非常难。

写一篇文章不难，把这些文章整合成一本好书也相对容易。

就像"秋叶写作营"的班主任颜敏老师，我就跟她讲："你写爆文是没希望了，但是你可以和我一起写一本好书，写关于社群运营方面的各种各样的经验、心得技巧，这反而比较容易，因为我们不是掌握了框架式写作的方法吗？"

我们可以把社群运营中的所有细节，按时间轴和空间轴进行分类，然后我们把这些内容写到书里。出书的回报，超过日更带来的稿费收益。

更重要的是，出过一本书，大家看我们的眼神就会不一样。

随后我会展示复利式写作有哪些维度，这些维度加在一起，就构成一个框架。接下来，我会给大家详细讲解 5 种复利式写作方法。

我希望大家认真理解这些内容，然后为自己设计一条复利式写作的成长路径。没有路径规划的梦想不是目标，是空想。

如果你找到了路径，并且觉得这条路径是可行的，请坚定不移地走下去。

"复利效应"是理财领域的一个非常有名的概念。这个概念因为被巴菲特提倡而变得很流行。复利效应观点指出，投资的目标不是追求一时的最大收益，然后大起大落，而是稳健的长期收益。每年 10% 的收益率如果能够保持较长时间，只需要 7.3 年就可以使资产翻倍。长期来看，这种看起来保守的理财策略，比大起大落的经历更容易积累财富。

在写作领域，也有同样的现象。有的人写了一篇文章，抓住了热点和情绪，一下子火了，甚至文章阅读量能达到 10 万人次，公众号订阅数一夜能涨几千，但如果没有能力持续抓住时机，或者建立这种专业写作的能力，这种"一夜爆红"马上就会变成"爆红一夜"。

人一旦尝试过这种爆红经历，就会总想复制，觉得这是一条捷径，认为多复制几次就能轻而易举解决问题了。这样开始学写作，很容易投机，什么热门写什么，什么抓眼球写什么，一开始的确容易被大家关注，可是逐渐就会被人发现内容高度同质化，观点也差不多，没有深度没有新意。这个时候，公众号的关注度非但没有涨起来，反而慢慢降低了。这种心态和很多人要跑去炒币，而不肯老老实实做价值投资的心态是一样的。

当然也有很多人建议你写日更文，但是写低水平同质化的日更文基本上是没有前途的，写的越多，看的人越少，反而会让写作者失去动力，半途而废。

真正能持续写爆文的人很少，这些人往往都是科班出身，长年从事媒体行业，都是资深优质媒体人出身，非常能写。他们一旦理解了新媒体的运营规律，我们普通人在写作上是很难追上他们的。

放弃对爆文的预期后，我们还能怎么做？其实我们只要建立有复利的投资思维，将其用在写作上，一样可以形成复利。

所谓复利思维，就是：

▶ 第一，不把鸡蛋都放在一个篮子里，而是建立一个稳健的投资结构；

▶ 第二，去寻找优质资产，而不是简单地追求规模投资。

复利式写作思维，就是让一次写作带来多元化的回报，成为优质资产，并让这份回报的生命周期延长，从一次性写作分享发展到可持续分享。

2.2
以质量为复利的写作（时间篇）

第一种复利是以质量为复利的，它适合专业人士，古典老师就是这方面的代表，他写作的特点是拼阅历、拼积累，他写的内容不多，但是写一篇是一篇，每一篇都很好看。

古典老师在讲职业规划时，写出了人生4度：人要有高度、深度、广度、温度。所以好的文章是站得比读者高，看得比读者深，知识面、素材比大多数人广，写出来比大多数人有温度。这种写作类型特别适合做精品公众号，将来把里面的文章整合成一本好书，就可以滚动产生各种各样的效应。

复利写作：以质量为复利	
复利写作模式	以质量为复利
适合人群	专业人士，代表人物古典
写作特点	拼内力，拼积累，写一篇是一篇 高度、深度、广度、温度
写作类型	写书、写竞品微信号

以质量写作为复利的，是所有写作方式里面最厉害的。曹雪芹这辈子只写了一本书——《红楼梦》，就可以流芳百世。

而我们自己的文章，在互联网上能不能"活"3小时都要打个问号。

所以我还是提倡大家多动笔，多树立一些高标准的标杆，以质量为标准开始写作。

我给很多人讲，不要盲目追求日更。低质量的日更不如写一篇是一篇，追求频率永远不如追求影响力。

据说乾隆一辈子写了3万多首诗，但没有一篇被人记住，而同时代的纳兰性德，一句"人生若只如初见"，一句"我是人间惆怅客"，便成就了千古风流。

举一个最简单的例子：在知乎上写一篇好问答的影响力远远超过在悟×问答解答多条问题。

在扶持期间，悟×问答鼓励大家每天答一条热门问题，然后对答题者给予金钱激励，但是这种金钱激励其实只是一次性回报，随着信息流推移，你的答案很可能就湮没了。但是在知乎上写出一个点赞数高的回答，有可能在百度相关搜索里长期排名靠前，这不但可以提升你的个人品牌，还能为你带来源源不断的影响力，从时间维度上看，知乎点赞数高的回答带来的回报显然是超过悟×问答的。

特别是对专业工作者而言，想要打造个人品牌，写一篇有趣、有料、有深度、经得起时间考验的好文章，胜过写100篇"口水文"，把这些好文章在多平台扩散，提高阅读量就好。

毕竟在一个领域里面，真正值得写的好话题，真正值得看的好文章，不会超过200篇。

我们要做的是努力让自己的文章，成为这200篇好文章里的一员，这样才能让自己的影响力持续放大。

举个例子，我虽然很少在培训圈里做分享，但毕竟也做过多年的培训师，积累了一些对培训行业的认识。

我写了一系列培训师专题文章：

▶《新手培训师入行，最大的挑战是什么？》；

▶《培训师如何知道自己的课讲得好？》；

▶《职业培训师应该如何包装自己？》；

▶《这可能是我讲得最打动培训师朋友的一堂课，免费送你听》；

▶《培训师最犯愁的事情是什么？》；

▶《如何快速切入培训师这个行业？》；

▶《深度剧透：企业培训师入行指南》；

▶《想做企业培训师，这些事情你必须知道！》。

（在微信公众号搜索"秋叶大叔"就可以访问全部文章）

其实我还想写几篇培训师如何做课程开发的文章，等积累到一定程度，我可以把这些文章做成一个"秋叶大叔聊培训"的合集，放在微信收藏和网页收藏夹里面，遇到想了解培训行业的人，就发给他。

只要文章内容写得有深度，不蹭热点，经得起时间的验证，就可以反复分享给不同领域内需要这些知识的人，最终也能把文章阅读量提升到 10 万人次级别。

这样就不需要不停写新文章，只要把一篇文章写好写深写透，然后找各种机会传播出去，一样可以拥有自己的阅读量"10 万 +"。

普通人对阅读量"10 万 +"的理解是一次性爆款，但是专业人士要记住，专业话题很难成爆款，但是优质专业的内容始终有人需要。

想要达成这样的结果，要做的无非是一有机会就做扩散，只要内容好，就算每次扩散量不大，但积沙成塔，慢慢大家就会知道你是那篇文章的作者，专业影响力就打出来了。

很多人学写作，说是为了做个人品牌，但是他们写出来的文章，一看就是一个套路，内容缺乏深度，素材缺乏新意，观点缺乏角度，都是追热点、蹭热点、写热点，扯上几个不知道是哪里的朋友的故事，帮大家宣泄一下情绪。写得好的确能够有很多人看，但是读者就是记不住作者，也没有人关心作者是谁。

我们说的以质量为复利的写作——借用一下古典老师的职业生涯4度理论——追求的是写出观点的高度，写出内容的深度，写出视野的广度，写出人文的温度。这样的一篇文章，往往是反复打磨出来的，很难一次到位，和网络上那种追热点、蹭热点的爆文还是有很大区别的。

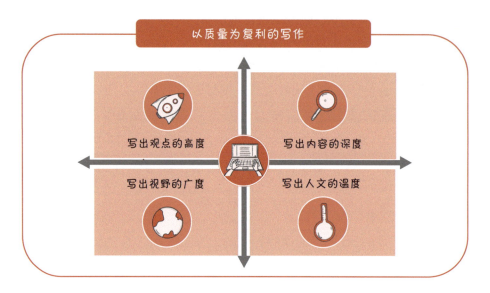

我写过一篇《7步打造个人品牌，做斜杠青年不难！》的文章，我自己觉得内容还是能经得起时间考验的，这篇文章虽然写于2016年10月，但是到今天还有人看，有人转发，当时这篇文章我写了一整天，要知道我平时写一篇文章往往也就不到1小时。

不过这种适合分发的文章，要注意一个大问题：防洗稿。

其实对于专业选手而言，阻止别人洗稿是很难的，但是我们可以做一些保护措施，让文章里有自己独特的品牌线索，尽量防止被别人洗稿。

关于防洗稿，我提供5个写作建议：

（1）在文章结尾加上作者原创声明，告知转载需要授权；

（2）用第一人称写作，代入自己的点评视角，有独特文风；

（3）用自己的案例，而且让案例成为文章中不可替换的内容；

（4）放到文章中的原创图片，都加上自己的水印；

（5）第一时间分发到所有主流平台，防止被盗传。

还有一点，越是结构性强的、写得深入浅出的长文，越容易被转发，而不是被洗稿。因为洗起来难度很大，一般人会觉得太费事。

如果把第 1 课的框架式写作习惯，和第 2 课的复利式写作习惯结合，大家就会发现，两个写作习惯结合得非常好的人，会更习惯写书，而且相对而言，书的质量远远超过一般的图书。

而图书恰好因为出版周期长，特别强调内容要能经得起一段时间的考验，不能轻易过时，这反而是最有复利的写作。一本好书能给作者带来的巨大价值，大家都是知道的，这是写几篇网络爆文，根本达不到的。

有句话说，做时间的朋友，不如从你的文章做起。

2.3
以分发为复利的写作（空间篇）

有的伙伴可能会说："让我一下子把文笔提高到古典老师那样的水平，我是做不到了，能达到秋叶大叔这样的水平，我就很开心了。"

别乱想，想要达到我的水平，也得练个十年八年的，而且我对自己还不满意呢！

有的伙伴会想：那我们这种零基础的人就没有机会了吗？

其实不然，今天是多平台写作的时代，微信公众号、简书、大鱼、百家号、头条号、一点号……平台数不胜数，为了征得作者，每个平台都会给作者提供一些红利。

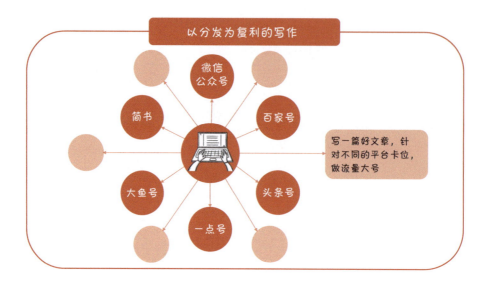

所以我们可以写一篇好文章，然后针对不同的平台去卡位，做流量大号。就像我的好朋友雨滴，她现在注册了一个品牌叫雨滴医生，在所有的平台上都写小孩子健康方面的科普类文章。只要你的专业背景到位，写得接地气一点儿，这些文章就会受到欢迎。

用我的话说："广场舞大妈爱看就行啦。"然后经常蹭热点、蹭关键词，重点在一两个平台上面，写出影响力，你会发现其他的平台都会找你："能不能到我们的平台，我们也给你回报，以及特约作者、签约作者的待遇，还有保底的福利。"

复利写作：以分发为复利

复利写作模式	以分发为复利
适合人群	流量大号，代表：雨滴医生
写作特点	多平台品牌卡位，重点突破1~2个平台 蹭热点　关键词　写作思维
写作类型	写速读文

这种类型的文章其实就是快餐文章。不要看不起快餐文章，有很多读者就是想看一些小科普、小知识，这种文章要求的就是不烧脑，不费心思，读完之后还觉得有一些用处，这样的文章一定要做到多平台分发，才会产生复利效应。

如果写出了高影响力的文章，一定要主动分发，这么做一方面是为了扩大文章的影响力，另一方面也是为了避免文章被别人洗稿或者盗用。

所以在这一节，我们要谈两个问题：哪些渠道值得分发？如何写文章才能更好地去分发？

一篇优质的文章，可以分发的渠道有很多，一般有如下平台，如表 2-1 所示。

表 2-1　文章的分发平台

平台	适合类型	分发限制
微信公众号	不限	不限
微博	不限	文字带微信、抖音关键词会被控制阅读量 图片带微信二维码会被控制阅读量
豆瓣	不限	很少
百度文库，360文库，豆丁网	不限	需要用Word、PPT或PDF格式分享
新浪博客	不限	不限
头条号/企鹅号/大鱼号/百家号/一点号/网易号/搜狐号 等	不限	不是平台首发，可能会限制发布 大部分平台目前还缺乏优质读者
知乎/手百问答	不限	不能随便植入广告
简书	不限	不能随便植入公众号广告
行业门户	不限	尊重对应网站的规定

像 36 氪、虎嗅网这样的行业门户，也是欢迎大家开专栏投稿的。

要拿到分发红利，第一要统一个人品牌名，不能一个地方用一个名，换一个地方又换一个名，统一个人品牌名才能形成品牌红利；第二要有好的平台，要抓紧注册你的网名，避免被别人抢注；第三要做好内容排版，做好图片素材归档，尽量争取减少分发需要花费的时间和成本。

写高分发文章的最简单的方法：

（1）提炼文章核心关键词，可以是多个；

（2）用关键词去对应网站搜一下对应话题，看一看在这些网站上近期有没有热帖或爆文，如果根本找不到类似的话题和热文，那么分发的价值就不大，可以考虑不写；

（3）用关键词去百度、搜狗以及搜狗的微信搜索栏，看看搜索结果排名靠前的网站是哪些，优先考虑去这些网站分发。

我曾写过一篇《十招教你写年终总结》，今天用关键词"十招教你写年终总结"搜，排名第一和第二的都是我的文章，当然这个关键词的流量不大，但是如果我愿意围绕"年终总结"这个热点词去写高质量的文章，然后定期更新升级，重新分发，经过一段时间，也许能够把搜索上的关键词流量截留下来。

2.4
以变现为复利的写作（时间＋空间）

还有的伙伴说，这种多平台分发、做流量大号的写作形式，要有关键词思维，这也不见得是我擅长的，因为我是一个比较有专长的人，但又不像古典老师那么能写，写出来的文章大家都喜欢。我可能长得也没那么帅，所以也不见得能成为"大咖""网红"，但是我还是想通过写作变现。

这种人比较适合在某个领域做课程主讲。我们秋叶 PPT 团队的 King 老师，就是这方面的代表。当我说到 King 老师时，大家可能都没有感觉，也没有印象，但其实我们现在的 Excel、Word 课程，还有很多 PPT 的课程都是他开发的。

不仅如此，在"秋叶PPT"的公众号上面，很多文章都是他或者他指导他的小伙伴完成的。所以King老师的特点就是能够做好知识框架的搭建，围绕这些框架，很好地梳理知识点，积累素材，然后把这些素材变成微信文章，实现导流。很喜欢这些文章的人可以进一步被引导到网易云课堂中学习Office课程，课程可以分为初级、中级、高级，甚至后期还可以开设线上特训营。

复利写作：以变现为复利	
复利写作模式	以变现为复利
适合人群	课程主讲，代表：秋叶PPT团队的King老师
写作特点	提前设计"导流-变现"链条 围绕热门课程持续积累和写作
写作类型	写有深度的文章

我们团队围绕着这些热门课程做持续的积累、持续的写作、持续的分享，完成了一个从知识点到在线收费课程的闭环。这就是以变现为复利的写作，这需要我们在一开始就要想到，靠什么方式从中变现。这种写作一般都是写实用性强的文章，持续写这种实用性强的文章，对个人的积累还是有很大考验的。

不过如果只是简简单单地写一篇实用性强的文章，将它分发到不同平台，我觉得这背后的价值远远没有被挖掘出来。

在我做Office系列文章的推广时，我就已经理解了多平台变现的玩法。

例如，如何让一次分享变成一系列实用技能的输出？

我惯常的做法是下面这样的。

▶ 接到线下分享的邀约后做一个分享PPT。

▶ 结束后把分享内容写成日更内容。

▶ 多平台分发内容。

▶ 结合网友评论把内容变成在线直播形式。

▶ 把优质的在线直播录屏变成赠品课送给付费学员。

▶ 把赠品课内容整合到付费课程中升级。

同样，我也可以让一篇文章变成一系列实用技能的输出：

▶ 写了一篇好文章（阅读）。

▶ 为文章做一个分享 PPT（视觉）。

▶ 用 PPT 做线下讲座或线上直播，以此圈粉（听觉）。

▶ 把直播内容变成赠品送给付费学员（福利）。

▶ 把相关内容整合到付费课程中升级。

▶ 把文章中的精彩观点拿出来配图发朋友圈或微博。

思维打开后，我做任何分享，都会考虑把分享文字化，再做多元化输出，争取最大的变现复利。

▶ 在微博或头条上为某提问写了一个优质回答（平台奖励）。

▶ 改写成原创微信公众号文章（读者打赏）。

▶ 把原创文章做多平台分发（流量奖励）。

▶ 把优质原创文章按框架逐个完成，变成书稿（稿费变现）。

▶ 图书出版后同步开发网课（内容付费）。

▶ 给有需求的读者开设在线训练营（社群变现）。

▶ 为个别读者提供一对一服务（咨询变现）。

又例如，

▶ 在分答上做出了一个优质回答（听觉）。

▶ 扩散到朋友圈（听觉）。

▶ 把分答核心要点改写成一条短文案发微博和朋友圈（视觉）。

▶ 把短文案内容的要点作为微信公众号文章的素材或核心观点积累起来。

▶ 把微信公众号相关文章整合起来变成直播或线下分享。

▶ 把直播和线下分享内容改成网络微课。

以变现为复利的写作

将一次分享做多元化输出
争取最大的变现复利

有了这种复利思维，分答的回复、在行的咨询、微博和朋友圈的灵感、社群里的互动，都可以变成我们写作的素材和途径。无非是在最终变成文字之前，这些内容可以是声音、回忆、视频、故事，我们只需要抓紧时间整理，就可以在一个核心的观点的基础上，不断丰富它的内涵和案例，将它变成可以重复分享的好内容，分享给不同的听众或观众。这就大大减少了写作的输出压力，提高了变现能力，这就是复利思维带来的好处。

如果这样做，就可以将一次分享变成我们做个人品牌时，需要对外输出的一系列素材，可以极大节约我们的时间成本，更重要的是我们可能会找到多元化变现的方式，扩大我们的流量价值。

很多人问我哪里有写作素材，其实你每天的工作和生活，就是写作的素材。很多人狭隘地把写作理解为脱离日常生活，要专门花费一段时间的事情，其实写作是对自己生活的记录。

理解这一点后，写作素材和灵感就会源源不断，加上框架式写作习惯的梳理，我们写作时完全不用担心没有话题。

文章这种内容产品，到底都有哪些能带来收益的变现模式，我会顺便给大家指出各种可能，如表 2-2 所示。这样方便大家在设计适合自己的复利变现路径时，做到有框架式思维。

表 2-2　写作变现模式

变现类型	变现路径
打赏变现	微博原创、微信原创、简书赞赏、豆瓣书评
问答变现	微博问答、知乎、在行一点（分答）
流量变现	微信底部广告、头条流量分成、短视频流量分成等
咨询变现	在行、企业顾问、企业家私董会
出版变现	纸质书、付费电子书、标准化网课（音频或视频）
培训变现	付费直播、线下内训、线下公开课
社群变现	付费社群、在线训练营
广告变现	品牌冠名、电商软广、硬广、书评影评
周边变现	文创（手帐本）

应该说内容创业者还是赶上了一个好时代，当年我们写博客的时候，这些变现路径不是没有打通，就是缺乏技术手段支持。

当然要特别提醒的是，内容创业平台一直在进化，不同平台的变现模式也在不断地发展进化，大家要随时留意。

| 作业 |
从变现角度，思考一下，你的文章可以设计哪些变现途径，如何行动？

2.5

以人脉为复利的写作（链接篇）

还有的伙伴写文章，其实也不想写什么爆文，在网上出风头，但为什么还要写呢？在我们的朋友圈里，有很多伙伴做微商。微商要卖课、卖东西，经常会发朋友圈，有的人写得非常有意思，让你忍不住喜欢这个人。然后他会经常在朋友圈 @ 你，和你互动，和你交往。这就叫以人脉为复利的写作。

"不二酱"的创始人小红红，不写微信，也不写微博，但是她经常会写大量的东西发在朋友圈。我说，日更很难，她说，在我的朋友圈里，我能做到一日十更，甚至每小时都更一条。她写的东西有很强的生活气息，有很强的场景感。

你会看到她身边很多的朋友，都关注她的朋友圈。而她会到很多朋友的微博、微信朋友圈打赏、评论。写很多走心的话，这也是一种写作。

复利写作：以人脉为复利	
复利写作模式	以人脉为复利
适合人群	运营高手，代表："不二酱"小红红
写作特点	植入生活气息，大量互动对话 围绕身边的朋友，持续写作
写作类型	写朋友圈

当你在别人的圈子里面把彼此的交情往来通过写作这种方式进行链接，你会觉得人和人之间开始慢慢产生信任，这种信任就产生人脉。要知道，如果你能够通过写作得到一位"大咖"或者一位比你能量强得多的人的帮助，你会大不一样。

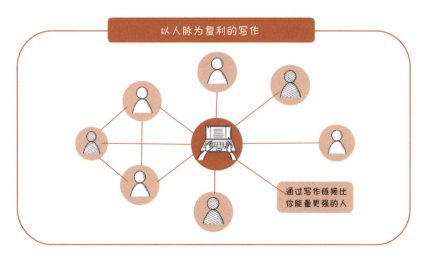

以人脉为复利的写作

通过写作链接比你能量更强的人

有时候自己一个人努力很久，不如贵人相助。如何得到贵人相助？这就要看你能否为贵人提供价值。

毕竟"牛人"都很忙，要求别人主动帮助你，别人的注意力和时间都不允许。但是不管是多牛的人，都会需要别人的帮助。

2012年，爆款网课《工作型PPT该这样做》的导师秦阳还是一名应届毕业生，他给微博大V的新书创作优质的PPT读后感，然后发微博，结果他的微博被我@秋叶、@杜子建、@古典等一系列大V转发，他不但积累了自己的第一批热心读者，也建立了自己的个人品牌。

2016年猫叔的微信公众号"剽悍一只猫"兴起，就是因为他到处约"牛人"见面，给这些"牛人"写精彩的访谈文章。被猫叔推荐过的"牛人"都很喜欢他写的访谈，主动在微信评论区或公众号文章中推荐他的公众号，一下子把他的公众号影响力带起来了，现在猫叔的微信公众号已经做成了矩阵，反过来可以帮助更多人展示自己了。

这种写作，就是着眼于人脉，通过一篇文章，或者一系列文章链接上其他优秀作者，得到作者的帮助，其实价值不比直接变现低。

从链接人脉角度，"牛人"需要哪些帮助？我将其汇总为表2-3，表里大部分能力都需要用到写作技术。

表2-3 "牛人"需要的帮助

链接类型	具体内容
优质好文	精彩评论，扩散朋友圈
出版图书	优质书评，组织书友共读群、精美图书照片
在线网课	优质评论、优质作业、朋友圈优质推荐、优质课后感
见面沟通	优质人物访谈文章
线下培训	朋友圈优质推荐、优质课后感
付费社群	朋友圈优质推荐、优质课后感、运营小助理
周边变现	产品深度用户体验报告

如果我们在写作时有人脉复利思维，那么我们的眼界又可以打开一层。举一个例子，萧秋水老师的微信公众号，常常主动推荐和她交往过

的朋友，以及朋友的产品。得到萧秋水老师推荐的朋友都会很开心，也会主动把文章扩散到朋友圈。这就说明萧秋水老师非常有人脉复利思维，在自己的文章有了一定影响力后，主动在文章中推荐别人，反而给自己的文章带来更大的影响力。

像我的朋友沈小怡，知道好朋友杨小米的新书《行动变现》出版后，主动带她去各种有趣的地方玩，然后回来写推书的文章，这也是人脉变现思维的体现。

| 作业 |
从人脉变现角度，思考一下，你的文章可以链接哪位比你影响力更强的人？你该如何行动？期待你的行动结果汇报。

2.6

以人设为复利的写作（风格篇）

其实写作中最难的是围绕质量写作，最苦的是围绕人设写作。

以人设为复利的写作，一开始就要想清楚你是一个什么样的人，所有的文章，所有的写法，不管是要发布在微信朋友圈、微博，还是其他平台，都要跟你的人设保持一致。

如果你的人设是包装出来的，迟早会崩塌，大家会对你很失望。但是如果你的人设就是你的天性，而且喜欢的人还蛮多的，那这种人设就会让很多很多人喜欢，你就会成为大家心目中的网红。

像"妈妈点赞"的创始人——邻三月，就是注定要成为网红的女人。所以我对她说："你就写你自己践行的生活观，写作就是表达你生活观的一种方式，你围绕着感兴趣的东西写就好了。但是不管你是写人、写事，写吃，都一定要把自己的生活观、价值观带入进去。"

复利写作：以人设为复利

复利写作模式	以人设为复利
适合人群	网红属性，代表："妈妈点赞"创始人邻三月
写作特点	写作是对自己践行的生活观的表达 围绕自己感兴趣的话题写作
写作类型	带入自己人设的软文

你会发现，具有这种写作特点的人都是软文写作的高手。

人设写作是最苦的一种写作方式。

为什么说人设写作最苦呢？因为每一篇文章都需要考虑到自己形象的打造，有时候想放纵一下，但因为文章和自己的人设不相符，马上就会有人和你说："你变了。"我在大家心中的人设是极度勤奋，所以我就得每天早起晚睡，勤奋地工作，让大家可以看到一个人拼命地努力，拼命地奋斗，一路坚持到底。

例如，我早就不想日更了，但是我能这么做吗？难道我能亲手毁了我的人设吗？不！所以我要坚持！

最后说说我为什么要日更。

其实就写作而言，逼自己"死磕"日更并不明智，因为如果不是职业写作者，日更不但不能保持状态，反而会因为透支，缺乏输入，影响自己的写作状态，使文章变得苍白。

但我还是要坚持日更，哪怕用各种技巧去"偷懒"，比如我可以安排助理写复盘文章发微信公众号（大家还蛮喜欢看），我可以写书评还人情债，我可以就一些有趣的照片看图说话，反而有生活气，遇到我们团队的重大活动，我直接发广告软文。

本质上是我客观上形成了一个坚持日更、坚持努力的人设，这个人设还真不是假的，尽管我内心也希望可以有更多时间陪伴家人和朋友，但我的生活其实是非常自律的，我没有一丝一毫的侥幸心理。

所以只要我坚持日更，坚持输出能对大家有一定启发性的文章，就能维持这个强人设，这个强人设现阶段对我的培训事业是有利的，也有助于形成我的个人品牌标签。

很多作者通过坚持日更，保持了自己在读者心目中的形象。不仅是我，像坚持 4 点钟早起打卡的 @ 张萌 _ 萌姐，只写烧脑文章的 @ 易仁永澄 老师都是这样。

所以这也是一种复利，特别是你通过写作，产生了一定影响力后，就必须通过一定频率的文章更新来维系你的人设，等事业做大了，这个工作还得交给团队来进行。

以人设为复利的写作

所有的文章，都要跟你的人设保持一致

人设，其实不存在打造。凡是能打造的人，必然在生活中有其个性，这一个性也许是颜值，也许是声线，也许是演技。刻意打造很难，所以有些人想红，只能想想。就是因为缺乏个性，而才华不过是彰显你个性的出口。否则如果颜值高就能红，那为什么很多演员红不了？

但是文字风格的养成是可以刻意训练的。我用框架式思维思考了一下，无非是从 4 个方面打造文风。

▶ 形式（排版）：美也是生产力。

- ▶ 文风（语言）：去模仿你喜欢的作家或大号的写作风格。
- ▶ 内容（方向）：写出深度文，哪怕文笔一般，也有人喜欢。
- ▶ 互动（有趣）：幽默感是一种稀缺品质，你对自己充满自信，有安全感，幽默感就会多很多。

简单地说就是要做对标练习，练习到一定程度，你会比对标人设做得还好。

2.7
不盲目跟风的高质量写作是复利的前提

和大家聊到 5 种复利式写作的方法，其实是帮助大家以目标为导向：

- ▶ 不要跟风，先明确写作目标和定位；
- ▶ 不要贪心，先做好自己再去做自己；
- ▶ 不要攀比，写作这事还要看老天爷赏饭。

希望大家在写作方面不要盲目跟风，应该先想清楚自己适合写哪种类型，自己的写作目标是什么，自己的定位是什么。不然的话，看到别人写了一篇热度高的文章，而自己的文章阅读数惨淡，心里就会觉得好失败。

小红红天天发朋友圈，和我们链接，她不会觉得自己失败；邻三月每天在自己的微信公众号发文章，每篇文章都写到她的朋友，让她的朋友感到开心，她不会感到失败；古典老师并不日更，但是他写一篇文章就可以帮到很多人，他也不会觉得自己失败。

我们都不会写爆文，但是我们都不会觉得自己失败，因为我们清楚自己的定位，知道自己的写作会带来复利。另外不要担心，不要因为自己的定位和别的伙伴一样，和他的写法一样，结果他走得比你快，就很焦虑，先做好自己是最重要的。

不管是哪一种写作方式，其实都对质量有要求，只不过有的对质量的要求高一点儿，有的低一点儿，但是都是可以持续进化的。只有把自己的基本功打好，能做好基础才有资格做自己。

另外，写作这件事最重要的是开心，而不是攀比，毕竟写作这件事情要看老天爷赏饭。雨滴写的那些广场舞大妈爱看的科普文章，我都看不下去，但是真的很受欢迎。她获得的赞赏比我每天在公众号上写的实用性强的文章的赞赏多得多，我只能说："雨滴写这样的文章其实比我更有天赋。"在写作的过程中慢慢地看清自己的天赋，也是一件很有意思的事情。

| 作业 |
思考一下，截至目前，你写的哪篇文章是有复利效应的？哪篇文章过了热点还能被人看？今天的复利思维，对你的写作有什么启发？可以把你的文章发布在公共平台，和大家分享。

看看别人的作业吧！

2.8

课后答疑

问：如何提升公文写作能力？

答：有不少学习写作的人，都希望提高自己的公文写作水平。

写公文的能力显然也是可以通过框架式思考提升的，加上复利式思维，就更如虎添翼。很多人写公文，就是写文章—交差—领工资！根本没有意识到，写公文也是可以搭框架的。公文有很多类型，比如行政文件、工作请示、会议通知、工作总结、项目汇报、领导致辞、年度报告，等等。

每一类稿件都有其特定的格式、框架、写作惯用套路、敬语、抄送流程、回复规则，如果我们一样一样往里面填充，再结合单位行业特色和自身经验写出好公文，就有了范例库，以后写作成本会大大降低。好范文本身在很多网站就可以付费分享，这些范文案例库内容在很多公务员考试平台都是被需要的，他们需要这些内容导流，所以愿意采取付费购买的形式。

如果把这些实用技巧总结好，便能产生极大的价值，你就可以成为单位的公文写作专家，可以分享换人脉，可以培训赚收入，可以出书赚名气，一样一样把多元化复利变现模式打开。

问：质量、分发、变现、人脉、人设 5 种复利式写作，对于普通人而言，你更推荐从哪个开始呢？

答：我个人觉得可以从质量写作开始，这个虽然看起来很慢，但是你走的每一步都算数。对于普通人而言，其实写日更文很难，因为很难写出优质好文，但是我们可以靠质量逆袭，别人写 10 篇普通的日更文，你可以攒一篇优质且实用性强的文章逆袭，最终我们比的不是熟练，而是文章的阅读量、点赞数、评论数、转发率。

有人也问如何评估文章质量，任何时代评价一篇文章的质量都不会看字数，而是看影响力。全球闻名的诺贝尔物理奖，有些得奖者的论文只有 3 页纸，但却够了。

如果一开始就追求变现写作，也是可以的，但要有足够的积累去变现。有的人积累到了，直接进入变现写作阶段；有的人希望早点儿获取收入抓机遇，就直接开始分发写作。只要你愿意写，哪怕格调不高，但是合法获取收入只看回报率，不要自己给自己找优越感。

这里有两根金条，哪一根更高尚？——很多人会纠结这个问题，而我反复说我会选钱多的，标准简单粗暴，反而好判断。

问：想写干货，但是在网上一搜，相同的话题别人写得更好，感觉他们把自己想说的都说了。那么我还要继续写这个领域吗？

答：大家都在写的话题，必须上啊。没有挑战和标杆的话题，那些公众号也不需要啊，谁写小众话题？

写不出来才要逼自己练啊，练到合格，练到别人都写不赢，这才是我们写作者行走江湖的底气。说实话，我在看很多微信公众号文章时，都会想：嗯，这篇文章我可以写得更好。然后我会在脑子里面快速过一遍腹稿。只是考虑到我有比写稿子更重要的事情（未必提升的收入更多），我就没有写而已。

写作到最后，真正的自由不是你会写作，而是你明明能写得比别人好很多，但是你不写也比会写的人的生活质量好很多。

比如我明明可以做好看的PPT，我就不做，我甚至可以做丑一点儿，还是比会做的收入多得多。这就是我在PPT设计圈"招人恨"的根本原因。

问：同样是鸭子，我又要怎样去搞明白对方是喜欢清蒸还是喜欢烧烤呢？同样是北方人也有食辣不食辣之分，对于这个我有点儿苦恼。我是先与对方聊天去了解对方口味再去推荐还是像火车上卖盒饭一样，只管吆喝呢？是鸭子的味道重要还是推销的对象重要？针对客户卖鸭子有没有最好的办法呢？

答：我喜欢这个用打比方的方式提出的问题。

在早期，你可以多做几款口味的鸭子，到处送，看群众喜欢哪一款，然后你回来评估一下，哪种鸭子卖得快，卖得贵？当然有时候卖得快的卖不贵，你选择一个目前你能掌控的就好。我会先判断市场容量，再决定我是否需要投入，但我不会乱猜市场口味。想要知道答案，没有比用文章测试更好的方法。重点是写文章测试没有直接的成本，只有时间成本。反正对普通人而言，时间本来就不值钱，只是我们觉得它应该值钱而已。

3 碎片化写作

1 小时写出好日更的秘密

扫一扫
听秋叶大叔讲解

3.1

碎片化写作，日更大神的法宝

3.1.1 怎样更好地应对碎片化的时代

网友常会问我这样的问题：

"你是大学老师，要带课，在外面做讲座、忙培训，又在网上教我们做PPT，还有时间玩微博、微信，一年还能出几本书，这些事已经够你忙的了，你还创办了好几家公司，而且运营得还不错。我们普通工薪族，完成公司工作都觉得时间不够用，你是哪里来的时间做这么多事情？而且像每天写文章、写书这样的事情，都离不开大块的时间，你一天到底睡几小时？"

我有2个手机，4个微信号，不夸张地说，每天光微信和微信群消息至少要回复200条，刷上万条。更不用说我在学校要带课，自己还有几家公司的事务要处理，现在全职和兼职团队已经扩大到了100人，事情越来越多，我其实真的没有什么大块时间来写文章。我真正写文章的时间往往不到1小时，只有比较重要的文章，才能逼着我把自己关起来用比较长的时间去写，但也很难超过4小时，不过我知道我必须得搞定，否则就会引起连锁反应，所有的事情都做不完，而且我的睡眠时间也不能无限被压缩。

这个问题也是很多职场人共同的苦恼。上班后要兼顾工作和生活，时间会变得支离破碎，想做一点儿正经事情都抽不出整块的时间。

一期写作特训营的学员塔花薄荷，就有这样的困扰。

"就像大叔在课程中所言，在现代职场，总的趋势就是工作时间越来越碎片化，我们每天有不同的会议、不同的活动，我们总是奔波在路上，真正能够坐下来静心工作的时间并不多。以我工作的某天为例：

▶ 9:00—11:30　去指定地点开相关工作会议（路上 1 小时）;

▶ 11:30—12:20　回到上班地点（路上开车）;

▶ 12:20—12:50　午饭并回到办公室（以最快捷为主）;

▶ 13:00—13:30　舆情的统计及报送;

▶ 13:45—17:30　接待领导考察（其中考察点 5 个），我被安排拍照和写报道;

▶ 17:30—18:20　回到办公室，路上点外卖，并抓紧时间吃完;

▶ 18:25—19:30　写信息报道，选图片，送领导审核;

▶ 19:30—21:00　送公众号编辑排版，再次校对，修改，直至发出。

这是比较忙碌的一天的日程表，需要奔波的时间比较多，你说我这一天做了很多事情吗？那倒也没有。但就是时间被大量占用，被分割成无数块碎片。甚至有的时候，一天要开 4 个会，那么我这一天就无法完成具体工作了。如果那天恰好有三五千字的大材料要交，那我真是无能为力了。"

还有人抱怨本来是想用微博、微信这样的新媒体工具打发碎片时间的，但慢慢上瘾后，总是忍不住去看，结果很难静心完整地只做一件事。本来想用碎片时间发微信，发微博，结果，我们习惯了大块的时间被碎片化，反而失去了专注做一件事情的能力。

如何解决这一困境？有人提出要恢复专注静心做事的能力。这是一条出路，但我认为绝大多数人不能奢望通过重新获得大块时间来解决这个问题。

在读大学阶段你还有找到大块时间做事情的可能，但在职场，这是不现实的。

有句老话：计划不如变化快。在现代职场，总的趋势就是工作时间越来越碎片化，即使在没有微博微信的时代，我们的工作时间也早就被电话、邮件、QQ、会议打断成了碎片，而微博、微信这样的移动媒体只是加剧了这一趋势。

认识到这一点，我觉得真正的问题是 人如何利用碎片时间完成系统性的工作。 或者说在碎片时间和工作模式下，我们怎样能够依然保持持续和整体化的思考，同时又不丧失对时代的快速反应能力？

3.1.2 重要的事情一定要用大块时间完成吗

很多人写作的最大痛苦就是没有时间。想要解决这一问题就需要学会碎片化写作。大多数人会有一种误会，认为重要的工作一定需要大块的时间来完成，比如写一份项目方案，难道不就是需要至少一个上午不受打扰的时间吗？

事实上我们仔细回忆写方案的过程，有两种情况：第一种情况，下笔如有神，找一个安静的时间段，就可以一蹴而就；第二种情况，写了好几个开头，都无法深入下去，只能换个时间再写。

为什么会有这两种不同的结果？其实答案很简单，写方案很顺畅往往是因为对这个问题已经有很多的积累，所以只要有 一个安静的时间段就能下笔千言。假如你对要表达的问题缺少积累，那么给你再多的时间也无法写好。

明白了这一点，就会意识到，有些工作的确需要大块的时间，但如果没有提前做够铺垫，这些大块的时间并不会有效率。

大家都知道，我很忙，每天从早到晚都在忙，几乎没有时间休息，连睡午觉对我来说都很奢侈。很多伙伴很好奇："秋叶大叔，你是用什么时间把文章写完的？"

答案就是碎片时间。把零碎的时间利用起来就是一笔财富。

想一想，上班路上，可能有一小时，等开会的时间有几分钟，排队打饭可能有十分钟，午睡前还有那么一会儿清醒或者有那么一点点不清醒的时间，到洗手间也可能花十分钟，下班的路上，也可能花一小时，晚上躺在床上就不要刷抖音了，整理一下写作思路也不错。把这些碎片时间利用起来，我们就可以完成大量的工作。

3.1.3 碎片化写作法的 3 个关键习惯

所以，针对 3.1.2 节的问题，我自己用的方法是"碎片化写作法"。也就是说：

一份完整的文章 =1 分钟灵感 +5 分钟构思 +5 分钟提纲 +5 分钟素材 +…+3 分钟素材 + 半小时高效写作 +5 分钟排版 +5 分钟配图 +1 分钟推送 +1 分钟回复评论…

我需要写一篇文章的时候，往往没可能安排一个白天甚至一个上午的时间，即便安排了我也没有灵感动笔。我会预留一个写作的大块时间，在此之前，我会利用一切可以利用的碎片时间构思。

我这里谈到的构思可以是带着问题查资料、找素材、请教他人，也可以是随手写下一些灵感，这样的素材积累多了，我就会抽出相对完整的半小时，把碎片灵感整合成一个提纲，或者一个小片段的文章，然后继续积累素材。

攒的内容多了，我自然就有了写的欲望，那个时候我可能 2 小时就可以一口气写完 5000 字，甚至 10000 字的文章，而且质量还不错。

使用这种写作方法需要养成 3 个关键习惯。

|1| 一有灵感马上记录，否则很容易忘记

我记录灵感的方式很多，当我在路上时，随时发微博或朋友圈；当我在开会时，就随时记录在本子上；当我在群里聊天时，我会在聊天过程中谈论我的想法，这些都是记录方式。

如果不记录，很多好想法、金句，就会被遗忘。

至于你习惯用笔记本，还是印象笔记、有道云笔记这样的笔记软件工具，或者石墨、幕布这样的软件，都不重要，关键是要养成快速记录的习惯。

|2| 要马上抽时间把灵感变成提纲

我们小时候学写作文时，都听说过"打腹稿"。腹稿这个典故和初唐诗人王勃有关。王勃写诗往往不起草稿，也没有苦思冥想，而是先磨好墨，备好纸笔，然后蒙头大睡。一觉醒来，马上跳下床，拿起笔，一口

气就完成了所要书写的诗文，而且不用改动一字。当时人们说，王勃蒙头而睡时，其实并没有真睡，而是在构思，在肚子里起草稿。这个在肚子里起草稿的行为，就叫"打腹稿"。

我们没有王勃那样的天赋，能一口气把诗文琢磨好，但是有一个习惯我们必须养成，那就是有了一个灵感点，必须快速把它变成文章的结构，也就是快速写出文章的大纲，这一点非常重要。

好的想法、金句、素材，如果没有大纲串联，很容易被遗漏；如果没有大纲引导，我们遇到很多素材时也会视而不见。这种现象叫"视网膜效应"，就是我们开了奔驰就更容易看到奔驰，拎个好看的包包就发现满大街都是这种款式的包包。当我们开始关注某种信息时，我们就会比平常人更敏锐地注意到相关的信息；但如果我们本身不关心这些信息，那么很多相关信息我们都会视而不见。

把灵感变成大纲，等于是给大脑强化一遍写作思路，这样大脑就会在潜意识里关注可以用于写作的一切信息。和别人的聊天，路边的广告牌，网页弹出的新闻，微信公众号里的故事，都很可能带来写作的灵感，但前提是，我们的大脑已经被植入了"我要写作某篇文章"的意识，这样才能让视网膜效应生效。

另外，写大纲本质也是一种"框架式写作"习惯，无非是写一篇文章的框架，会更加简单，不会那么复杂。

这种大纲写作在作文中叫构思小节，每个文章小节是由一组句子构成的，这一组句子得有一个明确的意思，我们称之为"段落大意"。如果我们准备几个"段落大意"，串联起来支持一个中心思想，就构成了一篇文章。把每个"段落大意"展开成一段话，一篇文章的腹稿也就出来了。我们的工作就是围绕这些"段落大意"，用碎片时间进行展开、补充、联想、举例、金句提炼，这样，在正式写文章之前，我们大脑里的思维就已经有条不紊了，我们写起来才会下笔如有神。

┃3┃平时有意识地积累各种写作框架

很多人利用碎片时间写作其实不是卡在灵感上，因为大脑神经学告诉我们，人一天会冒出 500 个念头，所以其实灵感是不会缺的，关键是如何把这些念头结构化，让它们不至于流失。

比如写故事，可以按时间顺序展开，可以倒叙，可以插叙，可以按空间位置展开，可以按人物角色视线展开，可以设置悬念再展开……总之写作的套路很多，但是很多人对这些写作结构缺乏刻意记忆，突然想要组织，反而组织不起来。

碎片化写作法的3个关键习惯

1 一有灵感马上记录，否则很容易忘记

2 马上抽时间把灵感变成提纲

3 平时有意识地积累各种写作框架

那些网络上的写手，没有几个是文学家，写作水平也不一定高，但是人家花时间学习和了解了更多的写作框架，所以他们的产出效率比普通人高很多。

今天的手机阅读，对文章的结构性、复杂性要求并不高，甚至从总体上可以说是很简单。

比如很多头条文章的结构就是：

标题：标题就是写作灵感；

开场：导入背景；

分享一个故事＋一张配图；

再分享一个故事＋一张配图；

最后分享一个故事＋一张配图；

结尾：提出判断，引发互动。

其实这个结构也可以用在很多微信文章中，我们只需要找 3 段和主题相关的故事、金句、感悟，等等，就可以很快完成一篇文章。

美国公共演讲问题学者理查德曾介绍了即兴演讲的 4 个步骤：

（1）喂，喂。这两个"喂"的意思是，必须在一开始激起听众对你发言内容的浓厚兴趣。他主张开口直接用生动典型的事例画龙点睛，道出主题。

（2）为什么要费这个口舌？这部分应向听众讲明为什么要听你的演讲，演讲的内容要使听众感到与自己有直接的利害关系，让他们产生紧迫感。这样就易于吸引听众。

（3）举例。若想把论点形象、简洁地印入听众的脑中，就必须举例。生动的事实列举，不但能深化记忆，激发兴趣，而且也能开拓主题。

（4）怎么办？这是最后一步。在这一步，一定要告诉听众你谈了大半天是想让大家做些什么，最好讲得具体一点。

如果我们思考一下这个框架，就会发现，将这个框架用于写某种类型的微信文章，一点儿问题都没有。

很多朋友不会写作，一方面原因可能是语感需要培养，词汇需要积累，但重要的原因是积累的写作框架不够，这样到了要碎片化写作时，就很难在很短时间内完成写作构思，没有写作构思串联后续的思路，就很难利用碎片时间去搜集素材，最终完成写作。

3.1.4　养成碎片化写作习惯的好处

这种碎片化写作习惯一旦养成，大家就会发现，不仅可以将它用在写微信文章，写工作方案，写项目总结上，甚至职场大部分需要脑力的工作都可以如此完成，比如营销的策划，项目的计划，书籍的出版，很多智力劳动都可以利用碎片时间加以完成。

鲁迅先生说："哪有什么天才，我只是把别人喝咖啡的时间用在工作上。"我觉得这句话还有一层含义，就是鲁迅先生一定也具备利用喝咖啡的碎片时间的能力。

这就是现代人必须建立的一种时间管理能力：利用碎片时间完成大

块的工作。我的很多朋友都有这种能力。我们可以完成大块的工作，而且是利用碎片时间组合完成的。

我当年写微博时，就经常把一两个闪光的灵感——哪怕不是很成熟——赶紧写到微博上，然后再梳理思路，将其变成公众号文章。把这些公众号文章有意识地积累起来，就可以出一本书。

《秋叶：如何高效读懂一本书》就是这样完成的：这本书的前言很长，是在我过去写的几篇读书心得的基础上改写的；书里提到的案例，是由我 2014 年到 2015 年期间的微信日更文集合而成的。

因为平时积累得足够多，所以在编辑的帮助整理下，写这本书，我只用了 3 天时间，最后这本书还很受欢迎，发行量超过 5 万册。其实我一直很后悔，这本书我要是好好写，花上 30 天时间认真打磨，我完全可以让书的质量更上一层楼，说不定能卖到 20 万册，成为一本现象级图书。

我觉得没有什么碎片化写作"大神"，只有善于利用生活中的碎片时间积累灵感的人。

| 作业 |
列出你常用的文章构思框架，说说它好用在哪里，能否做一个范文写作示范？如果自己没有好文章，也可以找出别人的好文章示范。

看看别人的作业吧！

3.1.5　实例演示：用碎片时间写文章

例如，我想写一篇时间管理的文章。大家都知道，写时间管理这件事，不能够只写时间管理，必须要考虑到为什么那么多人学了时间管理还搞不定时间。

我一下子就想到了：原来这些人是不会做精力管理、目标管理、情绪管理，所以时间管理得一塌糊涂。光学技能没有用，首先要解决根本的问题。想到这个点，我就有了写作的灵感。记住了，马上把灵感变成标题——"学了那么多时间管理技巧，为何不奏效？"

所以，只需要一分钟的时间我就把它变成了一个标题。可能有的小伙伴会说："大叔你一分钟写出了一个好标题，但我一分钟可能写不出一个标题。"没关系，不要在意标题写得好不好，关键是花一分钟的时间给自己的灵感起一个标题。

有了这个标题就相当于你在大脑里面植入了一个灵感，但是仅仅植入这个灵感是不够的，因为你会很快把它忘了。所以你就需要找一个相对长一点儿的时间，比如 3 分钟，给自己的这个标题先配个图，这叫用仪式感的动作强行给大脑植入写作的意识。

大家可以开通一个微信公众号，在后台把标题写上去，给它配个图，再写一句导语，这个配图不要求好，有就行。哪怕图文根本就没关系也不重要，关键是快把它搞定。

另外，刚刚我提到尽量写一句导语，导语好不好也不重要，和文章有一点儿关系就行。相当于你把这个灵感稍微拉长一点点变成写作的潜意识，反正后面可以改嘛。只要 3 分钟的时间，你就给你的大脑植入了写这篇文章的意识。这样，今天一天，你就会关注身边发生的所有事情，并思考它们是否和这个主题相关。

一旦你在大脑里植入了要写这篇文章的意识，你的潜意识就开始工作了。你会发现今天会不断地冒出一些灵感，而且这些灵感不像原来那样分散，和一戳就破的气泡一样，而是和主题有一点点关系，而且生活中的很多对话，都会和这个灵感相关，你可以把这些灵感搜集记录下来，写成要点。

我今天早上刷牙的时候就在想：如果我写时间管理时写精力、目标、情绪这 3 个点，怎么写呢？我就想了 3 句话：精力管理是管理你身体的生物钟；目标管理是让你的工作效率落到目标上面；情绪管理就是避免因为情绪波动，自我放弃。

把这 3 点做好，你才能真正把那些学到的时间管理技能用到位。这 3 点写完了，这篇文章的 3 个小章节的观点就出来了。

有了观点，有了框架，就像我们写一篇文章时有了骨架，现在我们需要用各种各样的素材把它的血肉补满。这个时候我们只要有 1 ~ 5 分钟的时间，就可以记录写作的素材。比如我在网上看到一篇文章，里面有和目标管理、精力管理、情绪管理相关的内容，我就会马上把这些话复制、粘贴，聊天截屏，我还会主动搜索一些相关的关键词。

我可以在这个基础之上完善我文章的观点，所以有这么一点点时间，我就可以把现在需要的资料找出来。当然了，并不是马上把它们变成文章。但是你要很清楚，你的资料越多，你写文章就会越来越快，质量肯定比你在那里绞尽脑汁逼出几句话要高很多。

在网上找到的素材还很原始，并不能直接拿过来用，但我可以把它们改写，甚至加上金句，进行升华。只要养成习惯，3～5分钟就可以搞定。

其次，讲到精力管理，我就想到一句话："你很难相信，一个连自己生物钟规律都培养不好的人，能做好时间管理。"我可以将这句话改写一下变成我的文章中的开场白。要知道一个好的开场白是要有文气的，它会让你带着表达的欲望，一口气把文章写完。

如果将白天很多1分钟、2分钟、3分钟、5分钟的碎片时间有意识地利用起来，或者让你的潜意识工作，你会发现到了晚上，你的内心已经充满了渴望：我要把这篇文章写完。

所以晚上有45分钟的时间就足够把日更文写了。

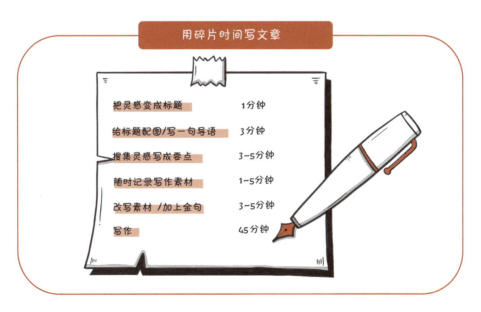

用碎片时间写文章

把灵感变成标题	1分钟
给标题配图/写一句导语	3分钟
搜集灵感写成要点	3～5分钟
随时记录写作素材	1～5分钟
改写素材/加上金句	3～5分钟
写作	45分钟

每天晚上花30～45分钟完成一篇1500～2000字的文章，不是

一件特别有挑战的事情。重要的是像我一样每天早上起床之后给自己的大脑里面植入几个写作的灵感。如果没有灵感怎么办？看一下你给自己画的知识框架树，每天看一眼，你就会发现今天其实有很多可以写的方向。

3.2

书稿的碎片化写作

小到一篇文章可以利用碎片时间写作，大到一本书也可以用碎片化的方式写作。像我写书，都是先想定位，然后找个时间和朋友聊一聊，也可能 10 分钟，也可能 3 分钟，问一下朋友我要写这篇文章他会不会感兴趣。如果他不感兴趣，我就换；如果这个话题大家都比较感兴趣，我就会写一级目录大纲，这个大纲就是我们的写作框架。这个大纲可能刚开始很粗糙，但是我会慢慢地把它细化，然后用零碎的时间搜索这个大纲中的相关内容，扩充阅读面，补充知识点，细化二级目录大纲。写大纲可能会多花一点儿时间，少则半小时，多的时候半天甚至一天。

我可以拿着写好的大纲和朋友继续讨论、修改，这可能需要一两小时搞定。然后我会把自己关起来，用两小时 / 半天 / 一天写一篇样章。这些搞定后就可以给出版社评估，出版社评估这本书的时候，该干什么干什么，再把这些碎片时间用于做别的事情。

等到出版社评估通过了，就可以写图书项目的策划书，签订出版合同了。记住，一旦签了出版合同，你就等于买了一条鞭子，出版社编辑就会天天监督你，让你按时、按量、按质写出来。于是我就开始用碎片时间一节节写，今天对大纲的这一节有灵感，就先写这一节，明天对另外一节有灵感，就写另外一节。等到素材积累到一定程度了，集中一段时间封闭完稿。

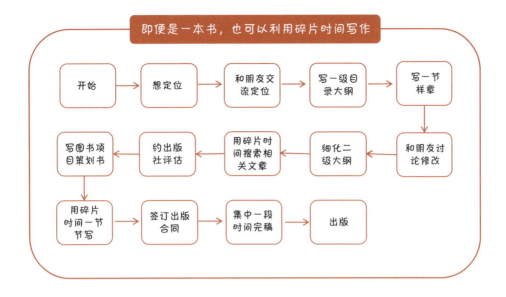

即便是一本书，也可以利用碎片时间写作

开始 → 想定位 → 和朋友交流定位 → 写一级目录大纲 → 写一节样章

写图书项目目策划书 ← 约出版社评估 ← 用碎片时间搜索相关文章 ← 细化二级大纲 ← 和朋友讨论修改

用碎片时间一节节写 → 签订出版合同 → 集中一段时间完稿 → 出版

所以书就是这样一点儿一点儿攒完的，而不是拿大块时间把自己关起来写。要是真把自己关起来写，说句实话，没有素材，没有积累，没有足够的阅读和分享以及灵感的碰撞，根本就写不出来。

碎片化写作最重要的一点是养成习惯。这个习惯并非只能用在写作这件事情上。工作汇报、工作总结、项目策划，甚至做一个口头的表达，一个自我介绍都可以用碎片时间完成。

所以我希望大家今天学完这节课后，可以将自己的碎片时间从早到晚利用起来，完成一篇文章。

这篇文章可以是你要发表的微信公众号的文章，也可以是你在工作中要提交的材料。如果你能成功完成这件事情，就能把每天用来看抖音、微博、朋友圈的时间有效利用起来。把这个碎片化写作的工作习惯复制到其他工作里面，让它成为你加速成长的利器。

别人觉得无所事事的时间，你可以用它完成高质量的大块的工作，你知道这意味着什么吗？所以说，学会利用碎片时间写作是不是可以帮我们更好地创造价值呢？

记住哦，永远要回到我们的第 1 堂课——框架。

3.3

找准你的碎片写作时间单位

3.3.1 评估自己的碎片时间价值

我给很多朋友介绍完碎片时间利用的经验后，他们觉得非常有道理，但是实施起来往往效果不明显。一个重要的原因是他们没有评估自己的碎片时间单位产出能力，以为自己能用碎片时间做很多事，结果发现产能不明显，这会让他们很有挫败感，最终选择放弃。

对于一个新手来说，自己的 1 分钟、3 分钟、5 分钟、10 分钟这样的碎片时间能干什么，他们是毫无概念的，但是像我这样的熟手，对这些时间的价值则非常清楚。

比如对于写作这件事情，我是可以换算出碎片时间的价值的，如表 3-1 所示。

表 3-1　碎片时间的写作价值

时间长度	我的单位产出
1～3分钟	记录1个写作灵感 搜一个写作素材或配图 编一个文章中的金句 想一个好标题
3～5分钟	和相关同事对话，搜索需要的资料 快速构思一篇文章的大纲 完成一篇少图文章的排版
5～10分钟	完成某一段话的写作 完成一篇多图文章的排版
10～15分钟	完成一篇600字左右文章的写作
15～30分钟	完成一篇难度不大的1000～1500字文章的写作
30～60分钟	完成一篇1500～2000字文章的写作

所以请大家模仿一下我的方法，学会给每一种碎片时间单位寻求合理的用途。

现在你可以问自己一个问题，你可以利用的最小时间单位是什么？是 1 分钟还是 3 分钟？

你的 1 分钟在写作这件事上可以干什么？

你的 3 分钟在写作这件事上可以干什么？

你的 5 分钟在写作这件事上可以干什么？

你的 10 分钟在写作这件事上可以干什么？

……

大部分人在一开始面对这个问题时，往往很难给出准确的回答，这没有关系，只要你开始关注这些时间的用途和产出，就能一步步看见这些时间的价值，并更好地去利用它。也许开始你要花 15 分钟才能完成一个大纲，等熟练后，对于擅长的题材，也许只需要 5 分钟就能搞定大纲。

当你没有为自己的碎片时间找到合理的用途的时候，它的最大可能就是浪费在无意义的事情上。

所以我要求你为自己的每一样碎片时间找至少 1 ～ 3 种和写作有关的用途，比如 3 分钟时间内可以搜一个故事，找一张图片，要一个素材，截一个屏并裁好、涂改好敏感信息，刷一下微博、微信看看相关观点启发思路，尝试写一个有趣的开头……

总之只要你愿意去规划，只要你意识到自己有几分钟的碎片时间，你就会发现在任何场合，都可以安排这些零碎时间完成一件小工作，而不是临时去想自己能干什么。而你的碎片时间用途越多，你的时间支配自由度就越高，就能自由组合时间碎片，完成不同的工作。

这个技巧绝不仅用在写作这件事上，而是能用在想做的一切工作中。

3.3.2　利用自己的碎片时间写作

慢慢你就能够学会把每天的碎片时间串联起来完成一件重要的工

作。比如我很多长文章就是利用上下班路上的时间一点儿一点儿攒灵感，然后花 1 小时整理出提纲，再通过各种交流途径得到大家的反馈意见，然后又在上下班路上继续攒灵感，等到一个相对不忙的时间封闭自己，再一口气把内容写出来，真正写作的时间大概只有 1 ~ 2 小时。

总之，我的意思是与其养成依赖大块时间才能集中注意力工作的习惯，还不如提前训练职场上真正需要的碎片时间利用能力。当然我并不是说有些工作不需要大块的时间，而是利用好碎片时间，可以大大节约自己的大块时间，或者提高大块时间的利用效率。

其实碎片时间管理的重点不是管理时间，而是管理单位时间内的目标产出。

倾尽全力的努力并不会令人疲倦，没有成就感的努力才会让人疲惫。与其精确安排时间，不如关注自己的单位时间目标产出率。

我们之所以经常会有管不住时间的无力感，其实是因为没有量化的参考指标。当我们将时间管理换成单位时间产出成果管理时，在截止日期前，按质按量地完成任务，就是对利用好时间最好的奖赏。

不过我们作为个体，有拖延的情况是很常见的，这时记住在墙上写这样一句标语："Done is better than perfect!"即"完成比完美更好！"

养成碎片化写作的习惯，实际上也能提升个人管理自己时间的力度。放弃用天、半天这样模糊的字眼去安排时间，主动把自己的时间设定在 1 分钟、10 分钟、半小时这样的固定单元，将写作目标拆解成小工作单元纳入日程表，保证每天投入在写作这件事情上的时间总体不少于某个单位时间长度。

这样既可以提升自己的工作效率，同时也可以针对临时事件去合理调度碎片时间，最大限度上确保写作目标不被干扰。

| 作业 |
动手完成下面的表 3-2，评估你的碎片时间可以用于写作中的哪些事项，用一天的时间记录，看看自己真实的产出能力，然后对碎片时间安排加以调整。

表 3-2 碎片时间的写作用途评估表

时间长度	我猜想的产出	实际产出情况
1~3分钟	记录1个写作灵感 搜一个写作素材或配图 编一个文章中的金句	
3~5分钟	和相关同事对话，搜索需要的资料 快速构思一篇文章的大纲 完成一篇少图文章排版	
5~10分钟	完成某一段话写作 完成一篇多图文章排版	
10~15分钟	完成一篇600字左右的文章写作	
15~30分钟	完成一篇低难度的1000~1500字文章的写作	
30~60分钟	完成一篇1500~2000字文章的写作	

3.4

快速集中注意力，进入写作的心流状态的 5 个关键

谈到碎片时间利用，我似乎能够轻松自如地从一个状态切换到另外一个状态，而有的人别说利用碎片时间，给他 3 分钟换个脑都不够。

为什么有的人能在短时间内写出好文章？是因为他能在很短的时间内进入专注写作的状态，也就是说想要在短时间内写出好文章，我们需要培养快速进入心流状态的能力，防止拖延症的干扰。

心流是指一种将个人精神力完全投注在某种活动上的感觉。心流产生时，会同时有高度的兴奋及充实感，人会享受在其中的乐趣，甚至会忘记时间的流逝。

我们前面提到的积累素材、积累灵感、建立对碎片时间利用价值的感觉，都是为了帮助自己快速进入心流状态。

因为你对时间利用有了感觉，对单位时间产出有了预期，就不希望它被浪费。而提前构思思路，积累素材，也有助于你的大脑快速进入写作模式，除此之外，我们还需要做什么训练，以帮助自己进入高效写作状态呢？

3.4.1 你必须先从内心接纳，这件事你非做不可

我们很多人之所以会拖延，会无法集中注意力，除了生理上的原因外，一个很重要的原因是内心抗拒这些工作，所以才会出现管理层监督我们工作，才会出现"鸡汤文"激励我们努力工作。

如果你并不认为这件事必须由你来完成，那么进入心流状态就会很难。

写作特训营是我和邻三月在从昆明回武汉的高铁上确定要做的，当时是 8 月 25 日，一直到 9 月 5 日，整整十天过去了，我几乎没有做任何准备，虽然我真的是非常忙，但是我内心却希望没有这些工作就好了。

在学校每周要讲 24 节新课，每天要写日更文，要对很多人的书稿做出回应，要应付很多外部培训定制 PPT 的请求，要管理团队，关注和安抚团队人员的情绪，我的工作量其实很大，如果再加上一个 28 天的写作训练营，还要招 500 人，我就有了心理顾虑；其实招 500 人没有压力，但改 500 人的作业很恐怖。

但是我知道目前整个团队只有我能搞定这件事情，我必须站出来，无论如何，我得合理安排时间，让自己的精力和注意力投入到这件事上。

当我确认我的团队小伙伴能把其他工作响应好，我就开始屏蔽各种无关工作，全力投入写作营的备课，在 9 月 8 日和 9 月 9 日这个周末，我一口气写了 3 万字，完成了前 4 课的备课初稿。

是的，非做不可！！！这件事不能由其他人来完成，非你不可。一旦你赋予自己这样的工作使命感，你会发现不需要刻意管理碎片时间，你自己就会寻找一切可以利用的时间让自己尽快达成目标。

我们小伙伴一旦开始写作，就必须把写作当作自己生活中必须完成的

一项工作对待，从要求自己每周写一篇好文章开始，慢慢进化到更合理的节奏。

这是对自己的一种承诺，如果担心承诺不能完成，请找一个人来监督你。如果一个人监督你还不够，那就找一个团队监督你。如果一个团队监督还不够，就主动交出一笔押金，完不成就给大家发红包。

3.4.2　要把任务难度设置为"跳一跳够得着"的难度

一个任务如果太简单，会让人失去挑战欲；反过来，如果一个任务太难，也会让人心生畏惧，放弃挑战。

这就好比有人问为什么一本书不能太厚，这是因为太厚的书一般人都担心自己看不完，自然就失去看的欲望。

对于写作，一开始不要给自己压力，非要写出一篇爆文。可以把目标定为每周写一篇文章，甚至提交到我们的打卡作业区，能得到老师或同学的点评。

我们都不需要要求自己写一篇长文章，哪怕只是造一个金句，看图说话写一个朋友圈文案，发一条微博和朋友圈，争取点赞数多一点儿，都很好。

不同的人，处于不同的写作阶段，就会面临不同的写作挑战。比如很多人说我认真写广告时，文章可读性反而更好。道理其实很简单，写一篇阅读量合格的文章，对于我来说已经是熟练工作，我只需要安排时间去响应就好；但是写出一篇转化率高的软文，对于我是一件很难的事情，反而会激发我的挑战欲。

对于写作，每个人要合理设置自己每个阶段的写作目标，一个一个阶段去爬坡，不能因为别人写作进度比你快，你就要攀比，这样反而会失去在心流状态下写作的乐趣。

其实我倒不是很担心大家做不到利用碎片时间搜集素材，因为这项工作的挑战不大，难度大的是给你一小时时间写一篇长文章，这时人反而会心烦意乱。

3.4.3　给完成任务的自己一个奖励

奖励什么不重要，关键是自己要喜欢这个奖励，这等于为自己进入心流状态创造了一个动机。

奖励其实就是给大脑一个回路刺激，如果每次进入心流状态，认真完成一个任务，就可以享受自己喜欢的事情，大脑就会建立"动机—激励"反馈循环。

如果你进入心流状态做这件事，你就会得到一个奖励，这种追求奖励的渴望，又成为你下一次希望进入心流状态的动机。

米哈里·契克森米哈赖在《生命的心流》里说那些厌恶数学的学生，若要他花时间定神细读微积分，恐怕十分困难。除非动机格外强烈（如决心通过考试），否则不易做到。一般来说，心里越挣扎，越难集中注意力。但如果热衷此事，动机又充足，就算万般棘手，他也能轻而易举达到全神贯注的境界。想想我们有时候玩游戏的状态，其实就是进入了全神贯注的心流状态。

我做一件事的动机其实很简单，如果我提前高质量地完成了工作，那么我就额外多出了很多时间，我可以利用这段时间休息，从而有能量准备下一场战斗。如果我不这样做，我的生活节奏就会被全盘打乱，后果不堪设想，我不能允许这样的事情发生。

3.4.4　准备进入心流状态之前给自己一个暗示信号

很多足球教练都有自己的坚持，比如要穿特殊颜色的衣服去指挥之类。虽然这种坚持并不能保证赢球，但是教练依然需要这种积极的心理暗示。

同样的道理，我们需要为自己创造一个进入心流状态的暗示程序。运动员在进入比赛前需要通过热身让自己进入状态，我们这些脑力工作者也需要有自己的热身仪式。

所以有的人会教大家整理办公桌面，因为办公桌面变得干净清爽后，人就愿意进入工作状态。我知道这种方法有效，但是嫌弃这种方法效率太低。

后来我让自己的大脑建立的迅速切换的暗号是"开机"，所以我每天早上起床后的第一件事不是穿衣服，而是按下开机按钮，只要电脑电源一打开，我的头脑就能马上清醒过来，进入工作状态。

再后来，我嫌弃开机时间太长，干脆经常不关笔记本，我把进入心流状态的暗示动作对应成敲打键盘的"Enter"键。

因为我刻意训练过自己，所以我只需要很简单的暗示就能进入心流状态，对于普通人来说，可能一开始需要更复杂一点儿的仪式感动作帮助自己进入心流状态。

但是有一点，如果你成功进入了心流状态，请一定要在大脑里复盘一下从这个暗示动作到进入心流状态的过程，帮助大脑建立这两个先后动作之间的联系。

如果你没有成功进入心流状态，不要复盘，不要复盘，不要复盘！让大脑忽略掉失败，只记住成功的回忆。

虽然这样有欺骗大脑的嫌疑，但是坚持做下去，就会让你的暗示信号和成功进入心流状态建立联系。

经验显示，我们进入心流状态的次数越多，就越容易进入其中。心流就像肌肉记忆，也可以训练成一种习惯；随着时间的推移，训练大脑进入和停留在心流状态的次数越多，进入心流状态也就越容易。

所以，如果你希望在工作中有更多心流状态，可以在周末多拿出时间进入心流状态，做自己喜欢的事情，如园艺、烹饪、跳舞等，但是最好为这些你容易进入心流状态的事情都加上一个开始时的暗示信号。

然后把这个暗示信号覆盖到你写作前的某个环节，这样你写作时也更容易进入心流状态。

3.4.5　你需要一个不被干扰的环境，而不是要求自己心无旁骛

为什么我们很多人备考要去图书馆自习室，而不是留在寝室？在寝

室学习可以坐着、躺着，找资料方便，还有电脑，其实只要自制力强，在寝室学习比在教室更方便，还节约往返路上和占座的时间。

但是在寝室学习，你的状态会随时被人打断，每个人进出要和你打招呼，有什么事情都要问你一下，打开的电脑和手机上不断弹出各种消息，反而让你无法集中注意力。

为什么我们小时候可以很耐心地做一些简单重复的事情，而今天的孩子却很难保持注意力的长时间集中？就是因为今天的人生活在一个注意力随时会被打断的环境中。

当我开始准备写作营，我洗澡时想怎么讲，吃饭时想怎么讲，走路时想什么讲，和别人聊天也在想这段话是否可以成为备课稿的案例，我几乎把 80% 注意力都给了写作特训营，自然很容易进入心流状态，因为我的注意力"带宽"被这件事占据了。

如果我们要抽出比较大块的时间开始写作，屏蔽环境的干扰还是很重要的。

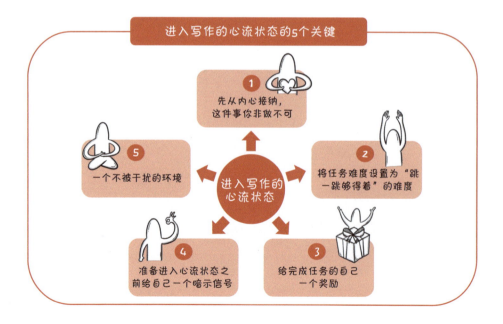

3.5

课后答疑

答：我也很好奇，大家有进入过心流状态的体验吗？

当你进入心流状态时，你记得这种状态吗？

请试着去描述这种状态，去回忆这种状态，去思考这种状态是怎样进入的。

我们开始把一种偶然得到的体验，变成可以强制进入的体验，起点是开始审视自己进入的过程，审视每一个细节。

然后你会注意思考，你的情绪、行为、言语，会因为怎样的因素开始高度集中。

我猜很多人都只是有一种感受，但是很少认真思考，自己是如何达到这种感受的，到底是哪个外因触发了心流的开关。

心流的本质就是注意力高度集中在某件比自己能力范围高一点儿的事情上。

▶ 注意力高度集中。

▶ 有一定的挑战，不至于乏味，也不至于因搞不定而放弃。

▶ 在沉浸过程中效率高，或者忘记了时间的流逝。

现在回到写作，在很短的时间内，你很难进入心流状态，那么阅读可以吗？

请问你能否训练自己快速进入阅读时的心流状态？

心散乱时，做什么事情可以让自己安静一下？请思考这个事情，这个动作，这个物件，这个锚定。

当我心思散乱时，我有一个方法能使自己快速进入心流状态。

——马上要交稿了，对了，交稿就有钱拿。

当然有人可能会因被催稿而心烦意乱。

我的意思是，请仔细回顾你进入心流状态的细节，找到让你进入心流状态的动作或者暗示，以后每次进入心流状态，就暗示自己经过了这个仪式。

慢慢你就强行让自己的仪式感和进入心流状态建立联系，等到了这一步，再练习慢慢脱离某个具体的仪式感，你要进入心流状态只是因为你现在意识到你需要进入心流状态，只有这样你才能效率更高地搞定任务。

训练，反复训练。

你们怎么可能一下子学会我自我暗示了十几年的苦修？

进入心流状态的方法：

▶ 注意力高度集中——有外力，或者有内在动力；

▶ 有一定的挑战，不至于乏味，也不至于因搞不定而放弃——给自己一个合理的任务；

▶ 在沉浸过程中效率高，或者忘记了时间的流逝——给自己一个进入心流状态的暗示动作，甚至也可以设计一个出来的动作。

有的人通过改变环境暗示，有人通过小仪式或者小物件暗示（比如足球教练），有的人通过外人监督暗示。

没错，大部分人只能做到专注，心流状态是更高级的体验。

真正处于心流状态时，人会很清晰地意识到自己的状态，但这也不会影响自己的工作。

比如说我在打字回复你们问题的时候，我还能观察我的某些身体和情绪上的细微变化。

反正这个事情要有个目标，先训练注意力的集中度，只要能提升就好，不要把它当作特别难的事情。

遇到注意力不集中的时候，我就用碎片时间做难度更低，但是依然有价值的事情。

关于心流问题大家不要纠结，能在注意力集中上有进步就很好。

问：什么工具方便快速记录？印象笔记？讯飞？还有什么？

答：其实都可以，我建议：

▶ 试试用讯飞语音翻译软件，把想到的内容语音输入转文字，发到微信的文件传输助手保存下来；

▶ 有道云笔记、印象笔记、石墨或者幕布这类软件可以安装一个；

▶ 随手拍；

▶ 随身带着本和笔。

每一种都有更适合的用途，组合用就好。

人生不应该追求"最……"，因为这是妄念。

我们应该追求"此时此地，如是正好"。

问：我意识到了碎片时间的重要性，也在有意识地提醒自己要利用好碎片时间，但感觉时间还是有所浪费，我有点儿焦虑，这是否是刚开始培养这样习惯所带来的不适应？

答：第一，你意识到浪费之前都不焦虑，现在意识到可以利用了，就更应该感觉到幸运，为什么要焦虑？

所以说如果不知道自己曾失去什么，人很容易感受到幸福，但是知道自己还拥有这样的时间财富，却又会因为自己不擅长利用而厌恶损失。

我非常理解这个心理，但是请记住，你在进步，而不是在退步。

第二，建议使用正面思维模式，把注意力放在我今天又多利用了多少碎片时间，而不是我今天又有多少碎片时间没有利用上。

问：碎片时间，比如 10 分钟，用起来的时候进展不大，记下来几点后，接下来的 70% 时间大脑容易空转，重复前面的思虑。如何在短时间内稳定心神去把点扩展成面？

答：我明白你的痛苦，因为你是一个"戏精"，太容易自己把自己带走戏。

如果你的大脑重复前面十分钟的思考，说明你缺少一个深度思考：完整的框架是什么？

被细节带走的人，往往是因为整体框架感不强，一旦进入某个细节，大脑就很难对比不同工作的权重，很容易陷入细节出不来。

我们不能简单去寻找一个问题的解决方法，而是要意识到 80% 的问题都是 20% 的原因造成的，我们需要找到这个原因，想出解决办法。而不是一个个去解决问题，那样会造成效率低下，是缺乏复利思维的做法。

利用复利思维解决问题的逻辑是——请问，我抓住哪个问题，解决它，顺便就能解决一堆问题？

例如，对我来说，关键问题是如何培养一个能讲课的人替代我，我成为课程的灵魂人物，时刻在线，但可以释放更多时间去链接更多资源和福利给大家。

这就是核心思维，其他的问题都是小问题，能有各种方法弥补，但关键问题是很难替代的。

大脑要记住大问题或者大目标，这一点很重要，时刻不能遗忘。

有人问，框架式思维是一种主动性的思维，碎片化写作是不是就是一种表现形式呢？

框架式思维是一种思考习惯，碎片化写作是一种时间利用习惯。

在利用碎片时间的时候，我们一样需要用框架思维去做整体谋划。

4 联机式写作

让你的写作灵感源源不断

扫一扫
听秋叶大叔讲解

做联机学习者，加快自己的积累速度

很多伙伴在写作的过程中都抱怨没素材、没灵感，说自己写着写着就不知道有什么东西可以用了。

今天我们生活在一个信息化社会，随时随地都在信息里面翻滚，那么多的信息每天从我们的大脑、眼睛、耳朵、鼻子中穿过，能不能把它们变成我们写作中的素材，这是个很有意思的问题。

另外，很多伙伴在网上听说过一句话："输出倒逼输入。"但我发现，写不出来就是写不出来，怎么逼都没有用。其实"逼"的意思是先逼着自己去输入，接收大量好的写作方法、套路、灵感。当一个人内心有情绪要释放的时候，文章就能写出来了。

现在，我们可以通过互联网，从信息洪流里输入，向好的东西学习。

很多伙伴学写作，都想去报一个班，希望在里面学到一些方法，然后写出有高热度的文章。但是大家可能都忽略了一点：很多在报了班后写出有高热度的文章的人，原本就有一定的积累。

就像有些伙伴，可能参加完培训班后马上就爆发了。但很少有伙伴想过，他小时候是不是比别人读了更多的唐诗、宋词，读高中或大学时他是不是有练笔的习惯，他在上班以后是不是看了很多方面的书、电影，听了很多类型的歌，这些都会慢慢沉淀到他今后的写作中。

所以我们说一个擅长写作的人，之前一定是有很多积累的。

我们报各种写作营，相当于给自己立了目标；写作营是帮助我们往这个目标加速前进，但这不等于我们的阅读量、词汇量的积累也可以简单地加速，不等于我们讲故事的方法技巧可以迅速地提升。

想一想，别人花十年积累下来的东西，我们也必须通过时间积累才能获得。所以，要想涨词汇量，可以多读一些好诗；要想造金句，可以多看一些优秀的散文和经典的小说；要想讲好故事，可以多看短篇小说和剧本；要想写好评论，可以多看一些民国时期的优秀的杂文和评论，比如鲁迅的作品。

如果你要晒一些实用技巧，我建议你多读一些各学科的历史，比如读一下艺术史、哲学史，科学史、文学史，这是比较快地让我们打开视野的方式。否则的话，一门学问就可以把我们的一辈子都耗掉了。

联机式写作：先做一个有足够视野的人

涨词汇：多读好诗
造金句：多读优秀散文和经典小说
讲故事：多看短篇小说和剧本
写评论：多读民国大家文集
晒技能：多读各种学科的历史
攒素材：关注网络门户首页

一个联机学习者，应该有怎样的特征？我想分享我的 5 个经验。

|1| 从记知识点到记关键词

不知道从何时开始，我成了各种搜索引擎的重度依赖者，遇到任何问题，我会第一时间问自己 3 个问题：

▶ 这个问题有人研究过吗？

▶ 他的研究最可能去哪里分享？

▶ 我用什么关键词最可能搜到？

然后我很神奇地发现，绝大部分让我感到疑惑的问题，都有让人惊喜的答案或线索。

这就让我在阅读时形成了新的习惯：一本书的内容我并不需要记住太多，比如看完《跃迁》，我只需记住一些关键词，比如"古典""跃迁""联机思考"，然后百度一下，就可以找到大量的书评，这对我思考如何写一篇文章来说已经足够了。

如果我把这些关键词的线索梳理一下，放进我的知识体系大纲，以后遇到问题，我就可以直接去搜；遇到特别好的内容，还可以利用一些资料管理工具，将其储存起来备用。

在大数据时代，你与这个世界往往只有一步之遥，但你得用对那个关键词。

｜2｜从泛阅读到主题知识树阅读

网络一发达，各种选择海量涌出，不要说全网，就一个"得到"App每年推出的课程和书都看不完。它们看起来都有用，如果不买就会担心错过什么，结果就天天买，但看完了还是只记住了很多碎片化的观点，缺乏体系化的思考。

加上基于各种人工智能、大数据的推送信息的"轰炸"，你每天收到的信息量有可能超过你过去一个星期看到的消息。

如果你开始阅读一个个弹窗，很快就会发现你的大脑被信息堵住了，信息越多，线索越乱。所以我们说："信息不是知识，知识是有组织的信息。"好比数字图书馆，不管有多少书，只要按统一的规则归类，就不怕放不下、找不到。

在联机思考前，一定要在某个方向或专业建立自己的知识框架树，要保证一部分阅读围绕着自己的知识框架树的升级、迭代、进化去展开。

关于知识框架树，大家可以问自己5个问题：

▶ 我希望在哪个领域深入研究？

▶ 我是否有关于这个领域从入门到精通的知识框架？

▶ 我从哪里可以获得并学习基础的框架？

▶ 我应该阅读哪些资料来保持知识框架的升级？

▶ 我每周投入在主题阅读上的时间要保证有多少？

如果这样去学习和阅读，我们在网上选课买书时遇到的问题就好解决了——凡是和自己的主题知识框架树有关的，尽管买，这是有效投资自己、让自己始终保持在专业前沿的最经济的方法。

| 3 | 从"刷屏阅读"到开机阅读

我常常从一个新闻跳到另外一个新闻，分分钟就可能被手机弹窗带跑。在这一点上，我和大家并无不同。但有一点不同：我会刻意思考一下，我看到的不同领域的消息，背后是否有更深刻的规律在起作用。

比如我看到有新闻报道二宝妈妈增加，杭州保姆纵火案，还有养老金危机，在微信里看到关于老年化危机的文章，我会思考这些问题背后都有一个深刻的社会变化。老龄化带来劳动力短缺和劳动力价格上涨，从而衍生了一系列社会问题。

在小屏时代，大数据不断推送我们喜欢看的信息，这本质上也是一种信息锁定的路径依赖，虽然打着投其所好的名义，却限制了我们的阅读视野。

所以我提倡大家在阅读信息时，不要只依赖手机推送和朋友圈，还要定期打开电脑，看看不同的门户网站，看看更多不同类型的新闻，让自己能够把事物联系起来思考。

做联机思考者，要学会在不同的事物中找联系，而不是依赖网络观点来给自己论证。

关于联机阅读，我建议大家问自己 4 个问题：

▶ 我是否关注了超过 5 个不同领域的新闻？

▶ 我是否不满足于新闻报道而喜欢看深度评论？

▶ 我是否主动关注观点不一致的网站或个人？

▶ 我是否会去思考不同事件和观点背后的联系与原因？

趋势往往不是那么显而易见的，所以我们需要把碎片化的信息作为引发思考的触发器，一环环去推导可能的结果，然后去找数据、做调研、约业内人士聊天，一点点把信息碎片拼图拼成完整的图。

有些人喜欢看一惊一乍的"标题党"文章，今天发现这个趋势，明天错过这个就会怎样……反正就是自己带着脑子不用，每天拿别人的思考填自己的脑洞。

| 4 | 从跟踪趋势到跟踪行业

经常有人问我为什么懂那么多。我觉得奇怪，答案难道不是因为我活得比较久吗？太阳底下很少有新鲜事，看多了自然就知道了。

后来我才发现，很多人的学习模式是"弹球式"，学习过程中不断抓热点、抓新名词，两年下来是学会了很多新名词，谈起未来也头头是道，但如果问他在自己的行业应该怎么做，他依然是一头雾水。

如果学习不能解决问题，那么再学 100 个新名词、认知再升级 100 次又有什么用？

我认为，越是在联机时代，越要长期关注几个行业发展趋势，参加行业活动。这样随着时间的推移，就能慢慢知道行业的来龙去脉，认识行业的"牛人"，进入行业的核心圈子，接触到行业的核心资源，这才叫了解一个行业。

做到这一切没有什么技巧，只是靠时间，靠长时间的人品积累。

关于跟踪行业，我建议大家问自己 3 个问题：

▶ 我是否定期关注某个行业的新闻？

▶ 我是否定期阅读某个行业的期刊？

▶ 我是否定期参加某个行业的会议？

不妨先从理解一个相对简单的行业开始。理解了一个行业，再逐步思考这个行业与其他行业之间的联系，就会简单很多，而且思维的复杂程度会骤然提升，这样你才能成为一个更好的联机思考者。

｜5｜从输入信息到输出信息

古人云"十年磨一剑"，又说"要坐得冷板凳"，讲的是学习需要积累和沉淀，这当然是对的。但是学习也需要观察和模仿，也需要交流和争鸣，联机思考者不能闭门造车，要主动走出去。

作为联机思考者，不能只满足于从网上获取信息，也要主动输出信息，最好是带个人标签的信息，这样就可以在输出的过程中完成个人网络品牌的建设。输出信息并不一定非要写微信公众号，其实参与一些高质量的社群，在里面进行深度交流和思考，也是一种输出。

在巴黎有很多咖啡馆，毕加索、塞尚、萨特等不同领域的大师是巴黎咖啡馆的常客。这些大师在咖啡馆中海阔天空地交谈，恰好完成了知识的碰撞和思想的进化，共同推动了文化事业的繁荣。

关于输出信息，我建议大家问自己 3 个问题：

▶ 我是否定期在某个平台发表自己的观点？

▶ 我是否加入了某些高质量的社群并参与深度讨论？

▶ 我是否会走入线下活动面对面吸收新思想？

广义的联机学习者，其实是不分线上和线下的。今天的手机已经帮我们打通了联网的自由度，在哪里我们都是同时处于线上和线下，那么在任何一个人与人可以接触的场合，我们都可以进行联机头脑风暴。

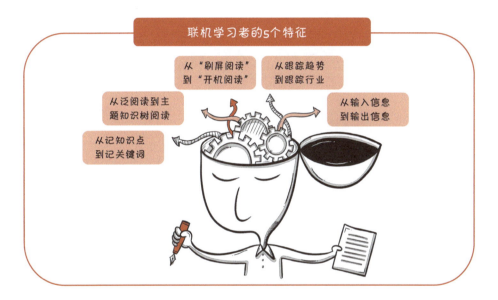

4.2

写日更文，写作素材哪里找

坚持写作的人，很快就会遇到一种痛苦——感觉自己被掏空。

很多人写文章，一开始都觉得自己有话说、有想法分享，觉得根本不用担心自己会没有内容可写。等真正写起文章，大家就会意识到自己其实并没有想象中那么有内涵。

我们在"框架式写作"这堂课中，教大家画出自己的写作知识框架树，其实一个很重要的目的就是让大家提前规划写作题材，养成有意识地积累话题和素材的习惯，避免事到临头无话可写。

但是有框架只是解决了写什么的问题，并没有解决怎样切入的问题。毕竟一般人很难就一个话题快速写出经典文章。要想让写出的文章有人看，就必须让自己的内容有新鲜感，也就是有时代感。

人生活在这个时代，就感知这个时代潮流的变化。对阅读者而言，如果看到一篇文章中有他生活的映射，能让他产生共鸣，而且场景（故事）和共鸣（金句）都写得特别到位，一下子能说出他感觉得到却说不出来的那种感受，他就会对作者产生强烈的认同感，会喜欢作者的文章，甚至喜欢作者这个人。

所以，作为一名写作者，必须培养随时把握时代脉搏的能力，并学会在不同的话题间建立内在联系，这样你的写作就能做到 3 个与众不同。

（1）从时代的大变化里写出对个人命运的感悟。以这种写法写出来的文章特别适合男性读者阅读，文章从宏观视角展开，然后切中个人的痛点。这种写法的代表是吴晓波、秦朔。

（2）从身边的小故事里写出情绪缠绕的纠结。以这种写法写出来的文章特别适合女性读者阅读，文章从微观视角展开，然后代入个人的体验。这种写法的代表是武志红、KnowYourself。

（3）行文风格、素材、配图能够保持与时代潮流的同步，让大家觉得你在说和大家一样的话，甚至引领某种亚文化的潮流。这种写法的代表是混子曰、果壳网、丁香园。

这其实也是一种个人写作风格的定位。要想让自己把握这样的写作风格，你就必须给自己建立进入这样的写作风格的网感①。

我们说联机式写作，首先就是作者要自觉建立自己写作的网感。高手

---

① 网感：感知互联网的能力。

可以在不同的写作风格中自如切换，那是因为他经过了刻意练习，建立了不同的网感，这样才可以切换自己的写作视角，用不同的风格写作。

对于新手而言，重点是研究一种类型的风格，建立自己的阅读习惯，培养自己的写作网感。

我们不能奢求靠一类文章抓住所有的人，也不能指望自己一开始就什么文章都能写。

那么怎样培养自己的写作"网感"呢？

今天是一个联机时代，这也意味着我们随时随地都可以联网，这一点让今天的写作者与过去有极大的不同。要培养网感，首先意味着我们要花费大量时间去整理自己对标获得信息的渠道，坚持广泛输入，培养自己的网感。

网感的培养——我也借鉴一下古典老师的职业生涯 4 度理论——可以从以下 4 个方面入手：广度，高度，深度，温度。

广度 定期观察门户网站。要想文章话题多，个人眼界要打开。新浪、搜狐、网易、腾讯这四大门户，你必须定期关注一个。新浪偏时政，搜狐偏娱乐，网易偏品质，腾讯偏生活。看一个门户网站推什么新闻，对当下的时政财经、文娱体育、文化生活等热点就会有深入的了解。今天有很多人都只看新闻网站的客户端，但是却忘了这些门户网站的首页里反而有大量的消息值得我们做联想式写作。把不同的信息串在一起，我们的文章一下子就提高了格局。

更别说从这些门户网站中我们能学到很多起标题的技术。大家都在使用微信，所以腾讯新闻客户端是强制推送消息的；还有其他的新闻客户端，我们也应该主动关注 1 ~ 2 个，确保自己的信息来源广泛。

高度 看书，特别是自己关心的领域内有深度的专著，或者高质量的论文，这样在写作过程中我们才能引经据典，写出别人写不出来的权威感。

深度 定期关注自己感兴趣的写作领域的行业媒体，包括期刊、报纸、行业门户网站，特别是有深度的行业自媒体、行业报道门户网站，通过观察它们如何报道和分析一件事情的来龙去脉，学会从不同的角度写作，培养自己写作角度切入的敏锐度。

温度 关注并对标一些经常写"爆文"的公众号，体会别人是如何与读者互动、创造认同感的。

我给大家提供一个网感阅读培养表，如表 4-1 所示，大家可以对号入座去完成自己的表格。

表 4-1 网感阅读培养

学习对象	对标内容
新闻门户网站	列出你经常关注的新闻门户网站
新闻客户端	列出你经常关注的新闻客户端
专业书籍	列出你所在领域要看的专业图书书目
优秀期刊	列出你认为值得读的专业期刊
行业门户网站	列出你认为值得定期看的行业门户网站
优质微博	列出经常分享深度内容的微博博主，或者值得学习的微博博主
优质微信公众号	列出值得学习的微信公众号
优质短视频	列出值得学习的短视频账号
优质头条号	列出值得学习的优质头条号
其他	持续动态补充

另外，大家也要注意，很多门户网站提供了热点信息推荐，了解这些热门信息有助于我们很快了解网络上最新的热点信息。建立一个收藏夹，如表 4-2 所示，经常去这些页面浏览，会给你的写作打开灵感之门。

表 4-2　热点信息收藏夹

门户类型	热点内容
搜索引擎	首页推荐 输入框下拉推荐
微博	热点话题
微信公众号	搜狗搜索 推荐热词
抖音推荐	抖音热搜关键词和热门话题
今日头条	官网首页，推荐的新闻都是大数据分析过的群众相对爱看的内容
知乎首页	重大热点，知乎首页不但不会缺席，还会有很多独家新闻，是很多公众号主洗稿的来源地
豆瓣	豆瓣鹅组，虽然各种"鹅"来历不明，但是就写作而言，里面还是不缺高手的

| 作业 |

完成你的阅读网感培养表，特别是推荐你觉得非常值得同学们"围观"的优质自媒体或精品网站。请不要局限在我推荐的类型中，只要好，尽管提。

看看别人的作业吧！

4.2.1　窍门 1：如何搜热点

说到热点，很多人表示，平日里不管是线上还是线下，基本上都在谈论热点；但等到要写作，想要找一个案例，要么找不到合适的，要么总是找得很辛苦。

为什么有的人能在短时间内找到想要的热点？

那是因为他们对不同平台的内容定位有清晰的认知，知道去哪里能找到其想要的信息。

新媒体行业追热点，除了即时热点，还有很多历史上的事件之类的热点，怎么找呢？

别着急，接下来我要告诉大家的，就是如何搜热点。

| 1 | i排版

有的伙伴说："我现在写文章，第一件事就是要找热点。"没错，但是热点从哪里找呢？

所以，在"联机式写作"这一课，我给大家把所有找热点、找素材的方式一网打尽，相信大家在看完这一节之后，就不会再说"我没有素材"了。

真相是，不可能没有素材，你只是不知道从哪里找素材快。

先给大家推荐一个"i排版运营工具"，它有一个像"hao123"一样的运营导航，当大家把这个网址敲下去，你马上就会看到上面有好多导航栏，其中有一个叫"热点搜索"。所以，如果你不知道今天有哪些热门消息，看一下这个热点搜索，相信你今天的灵感自然就找到了。

如果找到一个话题，你觉得还没讲透，你可以继续用搜狗、百度或微博去搜相关的消息，挖到更多更新的材料。另外别忘了，还有知乎呢。

| 2 | 历史上的今天

我们应该养成一个习惯，在每次写作的头一天或者头一周，看一下"历史上的今天"。这是一个网站，它会告诉你历史上的今天发生了什么样的事情。所以很多人讲：写作要有时间地图。

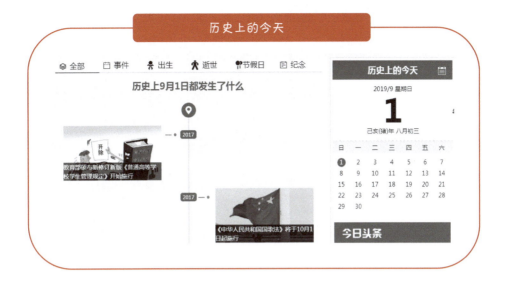

而"时间地图"就是让我们抓住节假日或者一些特定行业的热点，比如护士有南丁格尔日，老师有教师节。碰到这些特定的日子，我们就可以围绕它，针对特定的目标人群写文章。

就像每年到了父亲节、母亲节，所有的号都要往这个方向写。因为到了这一天，人的情绪会被节日点燃。谁能在这个情绪里面抓得更好，谁就更有机会写出爆款文章。

要想写出爆款文章，其实还有一个好的方法，就是让大家回忆在去年的今天、十年前的今天，我们这个世界发生了什么。

所以，有一些回顾性的文章非常精彩，比如《改革开放40年》。有人会想，他们怎么知道那么多事啊？我猜，除了他们在那个圈子里的积累很丰富之外，说不定他们也在看"历史上的今天"。

|3|135编辑器运营日历

在135编辑器里有一个运营日历，它把历史上的重要节点直接变成了一个"周日历"，大家在每周写作之前看一看这个运营日历，就能知道一些节假日、纪念日的时间，一些重要影视剧、体育赛事的开始时间，还有一些名人出生或逝世的日期，或者是重要作品的发布时间。

我们可以把这些名人的作品、趣闻以及相关活动，写到我们的文章中。这样，我们的文章就会显得有趣又饱满。

每一个人写作时都需要有一个运营日历，还好，今天有135编辑器这样的平台把这些运营日历整合出来了，这就大大降低了我们的工作量，相信你们看到了这个也是眼前一亮吧。

| 作业 |

搜吧，写出你的惊喜发现，将你的3条优质搜索经验分享给朋友们。

4.2.2 窍门2：如何搜金句

蒙田说得好："当你被强烈的欲望扰得心神不安，请把内心集聚的烈酒倒进任何一个杯中，好吧，倒进你的心中。"写文章时适当引用名人名言绝对加分。有百度搜索，找名人名言不难。

比如最近任正非事情多，你想搜任正非过去的发言，直接搜"任正

非 金句""任正非 名人名言""任正非 经典语录""任正非 励志语录"，任正非的金句不就都有了吗？

如果你不想找语录，而是想找任正非的演讲稿，只需搜"任正非 演讲稿"即可。

不知道这个世界上有哪些名人，怎么办？

请搜"世界名人"，你会看到一个世界名人排行榜。在这里你会看到很多名人，他们来自各行各业。比如你看到科学家费米（Fermi），试试搜"费米 名人名言"。

费米曾这样说过："科学家分为几个等级。那些二三流的科学家，他们尽了一生之力也没有什么突破。而一流的科学家则能做出对科学发展具有重要性的发现。最高级别是如伽利略和牛顿这些天才，马约拉纳是其中之一。"

把这句话作为素材，用在对霍金这样的科学家的评价里，是不是显得你博学多才？

|1| 写作金句之诗歌

有的小伙伴说："我的写作金句比较少。"其实金句就是具有纯粹性的语言。好的金句简短，有力量，带节拍。什么样的语言带节拍、有韵律感？诗歌。

我给大家推荐 3 个网站。一个是中国诗歌库，这个网站把诗歌分门别类地做了分档，不光是我们自己平时可以看一看，给小孩子看也挺好的。

还有一个是诗词名句网，它是以作者分类的，用我们前面讲的叫"框架式分类方法"。

最后一个是中国诗歌网，里面有很多现代诗。坦率地说，这些诗词不见得能流芳百世，但是我们经常看这些诗歌，起标题的水平会远远超过一般人。

一般人在写作时都是跟着爆文的作者学习他的套路，却忘记了语言的学习应该回到它的源头，没有什么比诗歌更美的语言了。

所以我建议大家多读一读诗，哪怕我们不学写作，也应该每天读一首好诗，比如经常看秘鲁的耶鲁达的情诗，你会觉得<mark>其实生活中有很多美好值得期待</mark>。

|2| 写作语言之金句

有的小伙伴说："我写文章时想直接借鉴和引用名人名言，行行业业的那种打动人的句子。"在网上有很多收集金句的网站，但我给大家一个更直接的技巧：你若想搜索名人名言，就直接把"名人名言"关键词在百度上搜，百度直接做了一个格言的栏目。

又比如，我想知道巴尔扎克有没有关于爱情的名言，可以直接搜"巴尔扎克 爱情名言"，绝对有想要的结果。如果不行就换其他名人。选择古今中外的名人，输入想搜的关键词，比如"爱情""友情""真理""时间"等，再加上"名言""金句"或"格言"，就能找到好的金句。

诗歌可以让我们变得词汇丰富，有想象力。有了这些金句，我们不仅可以将它们用在我们的文章中，还可以思考我们能不能说出这么有力量的句子。使用金句的做法可能更适合微信公众号类文章的写作，包括写书。

|3| 金句的每日一句

有些伙伴懒得不行，让他去百度找，他都嫌烦。

在之前推荐过的 135 编辑器里面，有一个运营工具叫"每日一句"。每日一句整理了网上的一些名人说的句子，你觉得哪一句合适就可以在排版器里将它直接引进来；要是没有合适的，你还可以换一批。

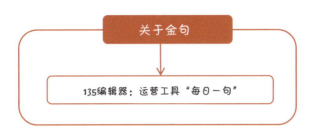

有时候不是想搜金句，而是想搜电影、电视剧台词，怎么办？

比如前段时间大热的《延禧攻略》，你输入"延禧攻略 经典台词"搜搜看。比如演员赵丽颖，我不熟，但不妨碍在需要的时候我用她的金句啊。比如我就找到了《加油吧，实习生》这部剧里的一句：

"我是来找工作的，但不代表我会卑躬屈膝啊！"

挺好吧？

除了影视剧台词，还可以搜经典著作里的名句，比如搜"加缪 鼠疫金句"，将金句放入你的文章中，文章的水平瞬间提升了一个档次。

4.2.3 窍门 3：如何搜素材

|1| 写作语言之美文

有的小伙伴说："我想写一些疗愈系的文章，比较偏随笔类，比较偏日记体类，或者比较偏散文类的，我想这种作品也有很多人喜欢。""十点读书"上的一些文章就属于美文系列的。

那么到哪里去找灵感找素材呢？

我给大家推荐 3 个网站：一个是"随笔网"，一个叫"天天美文网"，一个叫"短美文"。这 3 个网站各有各的特点，经常去浏览，大家会发现原来这里是各种读起来像是"鸡汤文"的大本营。如果以后有新发现的好网站，也欢迎大家一起分享。

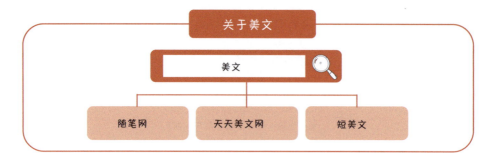

|2| 写作灵感之故事

有些小伙伴说："我写的文章希望有悬念，激发读者的好奇心。"那就要学习怎么讲故事。有一本刊物很有名，叫《故事会》，建议大家看看它的网站。

还有一些短篇小说，因为短篇小说对情节的要求特别高，非常适合阅读和学习如何讲故事。另外，我还找到一个"豆瓣小站"：经典短篇小说。我觉得这里收集的文章的风格蛮有意思的。

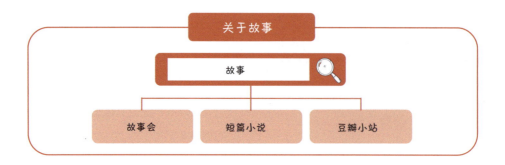

大家也可以在豆瓣上找到那些自己喜欢的有品位的人，你会发现他的收藏里有很多宝藏，比如教我们怎样讲一个好故事，紧紧抓住读者的

心。所有这些其实都是我们的灵感来源。

|3| 写作素材之故事

有些小伙伴说："我写文章也不需要那么多的套路啊情节啊，我就是想找个素材，比如讲一个关于爱情的小故事，讲一个爱情的小哲理。我有时候找不到自己身边的人，没有那么多的积累。不像我们有个'大咖'——杨小米，身边都是故事，她总是拿个小本子随手把她身边故事的细节记录下来。"

这有什么关系呢？别忘了，我们身处联机时代，互联网上有无数的人把自己看到的新鲜的、好玩的小故事分享到网上去。

今天给大家分享 3 个网站，分别是小故事、人生屋和故事大全。用关键词搜索，比如"爱情""哲理""小故事"，你会发现，故事多到你用不完。有时看了一两个小故事，心里就有想法、有观点，那就开始你的写作吧。

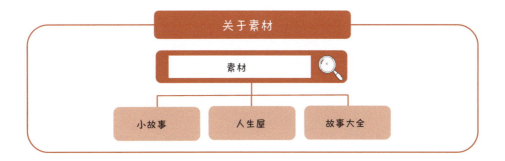

把这些故事分门别类地跟我们的框架式写作大纲的关键词联系在一起，你就会觉得：唉，这么多年，我从来都没有好好利用过网络。

很多人从来都是把写作变成是自己的事情。不要忘了，我们生活的时代是 AI 时代，网络是我们的第二大脑，请善用它。

|4| 文章写作之标题

有的伙伴说："其实我的文章都写好了，就是标题想不好。大叔你不是在第一课让我们写一个标题大纲吗，但是我也没有时间整理框架。"

那你可以利用百度搜索起标题，你会看到很多最新的文章教你怎么起标题；随便看几篇，灵感就来了，问题也就解决了。没有时间整理标题，可以把我们今天讲的如何找素材整理成大纲。

关于找素材的问题，我是不是帮大家又快又简单地解决了？

记住，关键词是"起标题"。

| 5 | 写作之表达心情

写情绪类文章，需要歌词；搜"伤感 歌词""忧伤 歌词"，你就懂了。对了，如果你对歌曲熟悉，还可以去网易云音乐看评论。有些评论特别走心，评论里的文采常常让人自叹弗如，如果将其引用在我们的文章中就会为文章锦上添花。

比方说我写"为了梦想，离开家乡打拼"，我就去找李健的《异乡人》。因为他的歌词中，第一句"披星戴月地奔波，只为一扇窗"，就道尽了每一个游子的心声。为了更好的生活，远离家乡，每天披星戴月地忙碌，夜深人静时在赶回家的路上，突然意识到自己早已"不知不觉把他乡，当作了故乡"。

在网易云音乐下你会看到好多好多人的评论，非常"戳心"：

"你最孤独的时刻是什么？""千里迢迢背井离乡，下了火车正是夜晚，看到万家灯火的那个瞬间。"大概许多人都有这样的时刻吧。

我看到的时候，这条评论获得 1095 个赞。

情感是穿越时空的，一晃时间过去了两年半，再看到这句话的时候，心里依然会觉得，关山难越，谁悲失路之人；萍水相逢，尽是他乡之客。

把这些话引用到你的文章中，记住是引用，那么你的文章会极大地出彩。

我有时候实在不想写了，就会到网易云音乐听听歌，然后看看评论，看着看着我就想写了。所以说艺术是熏陶一个人的最好方式。

| 6 | 写作之书评、影评

如果要写书评和影评，必须去豆瓣，在一些经典的电影、图书下面有非常多高赞的评论。这些评论不仅可以加深我们对这部电影、这本书的理解，更重要的是还能教我们怎么写影评和书评才能脱颖而出。

我看过一部电影叫《驴得水》，我也写过一篇影评，这可能是我写过的最得意的影评。但是很多电影我都不敢写，为什么？真的是高手太多，我的积累不够，比不过啊。

偶尔有那么一两部电影能够抓住自己的内心，与大家产生共鸣，我已经觉得很开心很开心了。

所以，我偶尔会在看过畅销书或者电影后认认真真地写书评和影评，不为钱也不为名，就为了和那些高手比拼一下："我能不能写出一篇好影评，在这个热门电影下排第一？"

如果每一部热门电影你的影评都排在影评热度的前十名，那么你的个人 IP 会非常非常厉害，也许电影的导演都想找你聊聊天。

4.2.4 窍门 4：如何搜微信公众号文章、群聊记录或朋友圈

微信积累了大量的信息，也提供了强大的搜索功能，只是有些人还不习惯用微信搜索。

微信搜索最大的价值是可以借助社交关系搜相关内容，比如搜对你的好评和你的聊天记录，你转发的某篇文章，你朋友关注的文章等。

我有一次告诉我的朋友我写过一篇关于模式识别的文章，她用关键词"模式识别"在朋友圈搜，不到 20 秒就搜到了我的文章，并将它分享到群里。

如果使用搜狗的微信搜索栏，关键词就是"模式识别 秋叶"。用组合关键词，很容易找对文章。

我最常用的是微信朋友圈搜索，可以搜索到朋友圈里的各种信息。比如用"PPT"在朋友圈里搜索，和 PPT 有关的朋友圈内容或文章马上就会被搜出来。

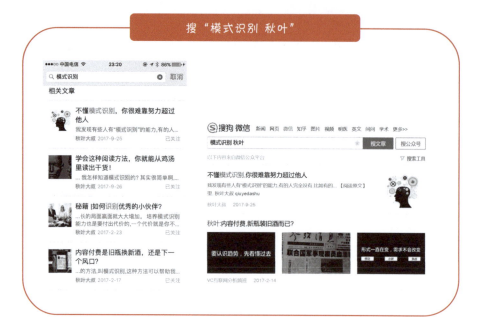

更有意思的是，微信还可以搜表情，比如这样：

再试试搜"写作训练营"，看看能搜出哪些写作训练营。

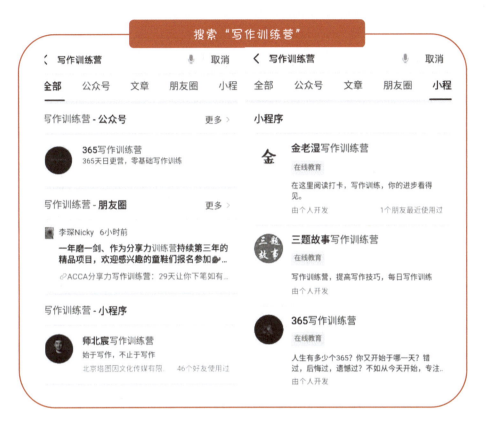

以上图片只反映搜索结果，不代表我们的推荐。

讲到这里，不知道伙伴们发现没有，你们发愁的写文章没素材的问题，不就是想不到好标题，找不到好图片，想不到讲好故事的套路，找不到好的故事素材，写不出金句，找不到好的美的词汇，找不到好的音乐，找不到好的声音，找不到好的表情包吗？对于这些问题，我们前面讲到的内容是不是都帮你们解决了？

所以我希望伙伴们理解一句话：<mark>学会用联机搜索，在信息流时代你才是王者。</mark>

很多伙伴问："大叔，你是不是有一个素材库？"早年我曾推荐大家围绕专业写作建素材库。直到今天，我也强调这一点。因为建好了专业的素材库后，查找资料来才方便，但它很小众。

如果我们写大众化的话题，根本不需要记住所有的信息，我们只要记住关键词，其他所有的事情交给 AI 就可以了。下面让我们一起来试一下，看看这个方法可以解决什么样的问题。

4.2.5 实例演示：写作缺各种东西怎么办

对很多人来说，写作面临各种各样的困难，就算给了搜索素材的途径，也难以写出一篇令人满意的文章。别着急，在这一节，我会以写一篇有关儿童心理学的文章为实例，一条条地演示在写文章时如何应对缺乏各种资料的问题。

|1| 缺框架——百度思维导图

有小伙伴问我："大叔，我写文章找不到资料。比方说我想写一篇有关儿童心理学的文章，但我大脑缺框架，怎么办？"

缺框架很简单啊，可以用专业词来搜"儿童心理学""脑图""心理学""思维导图"，你会发现，你并不是第一个研究这个问题的人，世界上有太多的人写了关于这方面的优秀的总结，而且把它们画成了脑图。

这些脑图可以帮我们快速搭建一个大纲，比看一本书消化得还快。毕竟这些脑图中把很多书和文章的要点都总结进去了。这就叫"站在前人工作的基础上，减少自己的无效劳动"。

我们不能跨越从 0 到 1 的阶段，但是我们可以节省从 0 到 1 应该花费的时间，那就是要学会利用前人的成果，不要重新"发明轮子"。

|2| 缺观点——知乎关键词

我们解决了关于儿童心理学思考框架的问题，这里说明一下为什么搭建儿童心理学思考框架时我要搜索"心理学"。原因在于儿童心理学只是心理学的一个分支，我们可以在分支里利用心理学整体的框架。

但是具体到儿童心理学，我们还是要罗列观点的，所以建议大家到知乎上搜关键词"儿童心理"。这时你会发现知乎上有很多提问和回答，通过看这些提问下面的回答，特别是一些高赞的答案，你会发现很多精彩的观点。

你可以把这里面的一些精彩观点消化吸收，然后融入自己的文章中。

你可以对观点表示同意，也可以表示反对，关键是要有自己的故事、自己的案例、自己的论证。如果你觉得自己的文章非常好，回答又很专业，记得顺手贴到知乎上面，要知道知乎上面的好文章在百度搜索上排在前面的权重是非常高的。

所以，如果没有观点，到知乎去找观点。

｜3｜缺金句——百度金句

找到了观点，找不到金句怎么办呢？之前说的多是围绕名人、电影、小说的金句，而我要找一些专业的金句该怎么办呢？这个时候还是可以回到百度。

比如我们搜"儿童心理学 金句"，马上就可以找到很多和儿童心理学有关的金句。我们可以把这些金句拿过来看，改造，利用，帮我们找到写作的灵感。

这在写作过程中是非常重要的。一篇文章如果没有金句就不会吸引人。但金句从哪里来呢？

一方面，他山之石可以攻玉，另一方面，看别人造句的方式，我们也可以模仿。

｜4｜缺案例——百度搜索案例、故事

如果写文章有了观点、有了金句，缺案例怎么办？可以搜儿童心理学故事、儿童心理学案例，可以在百度搜索引擎上找到很多过去的文章和很多专业的案例，我们可以一篇篇翻看，从里面找到可以利用的好的故事和案例。

很多伙伴说，写作时没有灵感、没有素材，就写不下去了。好，我的观点是：不要把一个问题变成天赋或情绪问题，或者是要经过学习才能解决的麻烦；我们应该把它变成一个行动。行动解决问题，情绪带来麻烦。

你就用我的办法去搜，搜出来后看，花一点儿时间将自己投入进去

后，反而会发现写作的观点、写作的欲望与素材之间的匹配度会慢慢变高。

| 5 | 缺数据——搜报告、数据

有时为了提高文章的专业度，我们希望找一些数据，这时可以搜儿童心理学数据、儿童心理学报告，也许能找到一些非常权威的数据。这些数据有来源有出处，还会提供科学的方法；你把它引用到自己的文章中后会发现，自己的文章的专业性有所提升。

很多妈妈写亲子类文章，总想表现自己的专业性，但其实专业人士表达专业的方法都是做图表、给数据，告诉大家所有的结论不是来自个体的经验，而是来自大量的统计和实验。这才是体现专业的方式。

而不是说，我讲了一个故事，你看是这样的吧；我又讲了一个故事，你看是这样的吧，所以你要这样。这个叫"鸡汤"。

凡是不能被科学反复验证的东西，都是"鸡汤"。

当然，我承认我也写过不少"鸡汤"，只是打着有实用性的名义，那叫"套路"。

| 6 | 缺趣味——加上电影片段

可能有人会说："大叔，写个儿童心理学的文章，又是找数据，又是找金句，但文章可能还是干巴巴的没味道啊。"

要想让文章变得有味道，有一个小技巧：在里面插一段电影。可以是从电影里截取的片段，也可以是带有台词的截图。

前面我们说过，艺术是人类共同的语言。所以我们可以搜"儿童心理 电影"。看，是不是有 10 部电影可以看？如果还没看过，那就看一遍。为了写一篇好文章，看了 10 部好电影算不算对自己的奖励？

写作的乐趣就像是一扇窗，这扇窗打开之后，可以为你链接这个世界上很多很多的可能，就算这些可能不能让我们赚钱，但它会让我们成为一个有趣的人。

要知道，今天这个世界，有趣是一种难得的品质，我们见过太多太

多在这个世界上活得平庸而无聊的人了。

另外向大家推荐一下腾讯的视频，因为在腾讯的视频中可以搜到相关的专业学者的讲座。要知道，只要是专业学者，就会被腾讯这样的网站拉过去做分享。

如果你发现自己还没有机会在腾讯视频上做一些内容啊、做一些发布啊，很可能真相就是：你还没有被别人当成专业人士。

我推荐腾讯视频的原因是，它的内容可以在微信公众号的文章里直接插入。你可以找到一个非常精彩的短视频，时长30秒或1分钟，然后把它用在你的文章里面，你的文章就会一下子让人感觉：哎呀，这位妈妈的视野真开阔啊！不像我们其他人写个文章就是自己生活中的那点儿案例，没意思。

这些都是技能，都是搜索的技能。很多人把写作能力的不足理解为自己就是不会写，其实不然。写作能力是一个小综合能力，搜索能力就是其中重要的一环。

所以这一课讲完了，大家其实赚翻了，因为这相当于把我在互联网上20年的搜索经验全部拿走了。对比一下，有像我这么爱搜的人吗？

｜7｜缺深度——百度学术搜索专业期刊、论文

有一些小伙伴写文章喜欢写出深度。我在第一堂课中讲到过，一篇好文章要有高度、广度、深度、温度。你听说过"百度学术"吗？在百度学术上可以找到好多好多论文。不是书，不是文章，就是论文。

很多有深度的观点都在那些专业论文里，只不过它的表达不太被大众所接受，但是它严谨啊。

作为一名科普工作者，作为一个擅长写作的人，我们的工作就是用自己的笔、自己的嘴，把这些内容通俗易懂地讲出来。这样的话，我们的文章不仅绝对不缺深度，而且因为文章中有了很多引用的来源，大家可能还会觉得"这个人真专业"。

我记得有个微信公众号叫"KnowYourself"，是讲心理学的，每篇文章的后面都附了长长的参考文献。大家看了这个号的文章，马上就觉

得：嗯，非常专业。

不过，学术期刊的论文很多都是需要付费看的，所以建议大家多认识一些在大学的朋友，比如我这种在大学的老师，在图书馆里可能会有免费的账号可以用。

所以，**很多人都有一座金矿，完全取决于你会不会使用**。当然了，今天的很多大学生从来就没有好好地看过论文、期刊，那就是另外一回事了。

4.3

在线优化文章，有哪些小工具

在新媒体时代，要想提升文章的整体效果，除了从文字功底入手，还可以通过添加合适的图片、音频甚至视频，以及通过各种排版软件，来提升文章的视觉效果。

在联机写作时代，要想搜集到合适的资料美化文章，并不难。下面我介绍 4 个简单易操作的搜索和运用这些素材的平台。

|1| 文章写作之排版

好马配好鞍，写好文章要排好版。

现在有很多编辑器，比如 i 排版、135 编辑器、秀米、365 编辑器、壹伴，等等。为什么要单独推荐 i 排版呢？是因为它给我们提供了很多实用的排版技巧——从它的首页往下拉，就能看到。

经常看一看人家的排版是怎么做的，就会发现，好的排版就像一个容器。一个好的容器会诱发我们写文章的冲动，我们会觉得写文章变成了一道填空题，只想把我们的好的、美的东西填到这个版里，做出我们自己的作品。

就像做 PPT 一样，拿着一个模板，填入自己的工作汇报、工作总结，也能做出一个不错的幻灯片。

所以，没灵感时就到 i 排版上看看排版吧，顺便还能学到很多写作的技巧呢！

|2| 文章写作之图片

在写文章的时候，经常会用到一些图片。i 排版里还有一个栏目，就是刚才说的导航，它给我们提供了很多图片网站的链接。这些图片网站提供的图片有的是有版权的，但这里面还链接了 4 个所提供的图片没有版权的网站，这些图片的质量非常高，而且是开源的，大家都可以用。

这里必须提醒大家，今天是非常重视知识产权的时代，大家用图片的话尽量用开源的图片，否则法律顾问找到你打官司，成本很高很高的。我身边就有朋友因为这个吃了大亏。

经常看一些美图，也会给大家带来表达的欲望。一张好的图片可能就是一篇好文章灵感的起源哦。

|3| 文章写作之表情包

我们知道，邻三月写文章的特点是特别爱用表情包。那么，从哪里可以找到那么多特别贴切的表情包呢？

你可以安装一个"壹伴小插件"，它在 QQ 浏览器、谷歌浏览器、360 浏览器比较好用。装了插件之后，这个插件就会嵌入你的微信公众号后台，你会发现有一个下拉菜单。

我给大家截了几张图，如下图所示，下拉会看到图片素材，里面有非常多的有意思的表情包。有了这个小插件，一般来说你就再也不用发愁没有表情包了。

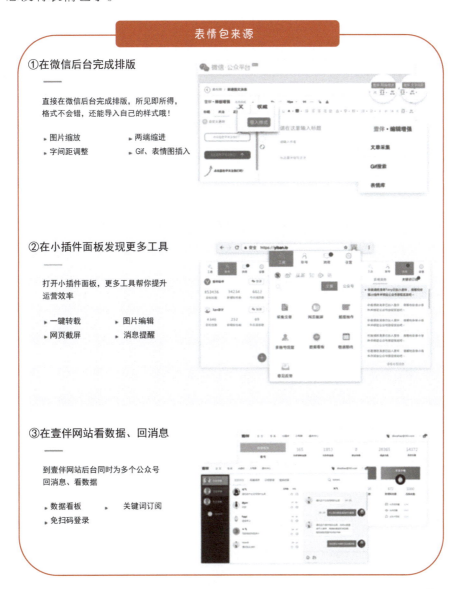

① 在微信后台完成排版

直接在微信后台完成排版，所见即所得，格式不会错，还能导入自己的样式哦！

▶ 图片缩放　　　　▶ 两端缩进
▶ 字间距调整　　　▶ Gif、表情图插入

② 在小插件面板发现更多工具

打开小插件面板，更多工具帮你提升运营效率

▶ 一键转载　　　　▶ 图片编辑
▶ 网页截屏　　　　▶ 消息提醒

③ 在壹伴网站看数据、回消息

到壹伴网站后台同时为多个公众号回消息、看数据

▶ 数据看板　　　▶ 关键词订阅
▶ 免扫码登录

| 4 | 文章写作之配音

有的伙伴还希望在自己的文章里面加入音频。音频分两种，一种叫

音效，就是在自己的一段话中加一点儿开场语、结束语。

比如我们团队的"写作特训营"，考虑到我独特的嗓音和极不标准的普通话已经构成了极为明确的风格，为了节约成本，就把前奏乐，结束乐都省掉了。

另一种就是，如果我们想把文章变成课程，但对自己的声音有点儿担心的话，可以将文字转音频的工作交给一些配音网站去做。此外还有一些 APP，比如讯飞配音，还有更专业的闪电配音。

我看了一下，很便宜，一万字就几百元。所以我们可以外包，请专业的人解决我们的专业问题。

4.4
信息流写作，群聊也是写作

熟悉我的人知道，我经常会花费大量时间泡群，真泡真聊，甚至有人觉得我总在群里聊天。这是一个误会，理论说法叫"幸存者偏差"，因为凑巧你活跃的几次都碰到我，就觉得我总在泡群，其实我不是总在泡群。

我泡群，有时候是纯放松，有时候是为了做运营，有时候就是陪大家聊聊天。但是我聊天的时候，会刻意推敲自己的发言，把自己的发言系统化、结构化、条理化，然后发给我的助理，请她帮我存到微信后台，等我晚上回来一修改，就是一篇好文章。

网上有一段时间有个热门话题，叫"请放弃你的无效社交"，意思是别人社交是在链接人脉，你在群里泡是无效社交，更形象的说法是"砍柴的陪不起放羊的"。

有的人泡群，其实是一边泡一边搜索自己感兴趣的话题，或者把话题引导成自己想聊的话题；大家聊起来了，自己也得到了写作的灵感。我的很多微信文章就是这么写的。

我有一篇谈如何写出受欢迎的文章的推文，其实是根据群聊的内容改写的：《为什么你写了一篇好文章，发在平台上，却没有人看？》。

像我这样的人，干脆就是把群聊变成了写日更文的平台，我不过是用群聊的方式写日更文，写完了复制到微信公众号。

我有时候还会在群聊时做一点儿分享，这也是对某个话题的思路的梳理；写了几句，故事有了，思路有了，文章的基础框架就有了。

比如下面截图中谈到的内容，是我对一个学员的作业的点评，包括明确目标、实现路径、提升技能。我在群里分享完，再写个金句升华一下，一篇《你不是管不好时间，你是缺乏"大目标"》的文章就搞定了。

等于我天也聊完了，灵感也找到了，社群也服务了，内容也充实了。我甚至能从大家的聊天中快速补充更多的灵感，甚至找到大家感兴趣的点，我的文章写作质量还提高了。

所以，我参加群聊从来都没有罪恶感，我把群聊当作放松头脑、寻找灵感、打底稿的平台，而且我直接借助社交聊天的灵感丰富我的写作构思，这等于在产品研发阶段就引入了产品测试，何乐而不为？

我有这样的习惯，是因为我有一个工作习惯，叫"用一件事情完成3个不同的目标"，这样才能真正提高时间的利用效率。

很多人以为提高单位时间的工作效率就是时间管理能力强的表现，

这其实不对。真正的时间管理高手不看单位时间产出，而是看完成目标所耗费的时间成本。如果一段时间你只能做一件事，效率再高也不会高到哪里去。但是如果你在群里和朋友聊天互动，设置多元化目标，一可维系感情，二可发掘写作灵感，三是逼自己想出文章金句。同样是群聊，花费同样的时间，却得到两样产出，这并不需要你付出太多的成本，关键是要养成这样的习惯。

再比如看杂志，一可丰富视野、查找素材，二可学习杂志的排版，三可从杂志中学习标题文案的提炼、讲述故事的方法，这等于用看一本杂志的时间学了 3 样知识。

具有这样复合型目标思维的人，才能把一件事情做到极致，才能更快地超越很多人。

很多人都说，要想坚持做一件事，你要为一件事赋予重大的意义。这当然有道理，但可行性不大。普通人哪里来的那么多重大意义可赋予？

所以，我的方法是为一件事找 3 个目标，忙一次，至少可以达成一个目标，这就不亏；如果多搞定一个就相当于赚到，同时搞定 3 个以上可以说就赚大发了。

普通人只要自己的付出能得到正面反馈，就更容易坚持下去。同样，只要大家真的在群聊写作过程中体验过一次，就不会抗拒，甚至还会主动利用这段放松的时间完成写作。

不信，下次你试试？

课后答疑

问：搜到的素材太多，不想直接用，如何让素材改头换面？

答：给观点，摆案例（只要案例不是明显抄袭别人的个体经验的），用自己的话表达。

原话：

在认知心理学的理论中，一心多用的前提是自己的感觉通道没有被占满（比如视觉被占了，听觉却空着；听觉被占了，动觉却空着），其中一件事还是游刃有余的，能自动化完成，不需要太多认知加工，不然就会应接不暇，手忙脚乱。我猜"不二酱"的红红姐，可以一边做酱一边唱歌，也可以一边做酱一边刷剧，但是她一定不能一边做酱一边写作。

大叔改稿：

我有个朋友，给人的感觉是她能一心多用。怎么说呢？她能一边做酱一边唱歌，还能一边做酱一边刷剧，一点儿都不会出现手忙脚乱的情况。

但是如果你要她一边做酱一边写一篇文章，就不行了，这是怎么回事呢？

在认知心理学的理论中，这种情况被称为"注意力带宽有富余"。

认知心理学认为，如果人的视觉被占了，听觉却空着，那么眼睛看一件事、耳朵去听一首歌还是可以的，因为听歌这个动作不需要花费额外的注意力就能自动响应，用潜意识去响应；同样，耳朵在听外面人说话，听觉是被占了，但手里可以继续洗衣服，因为洗衣服已经是习惯动作，不需要大脑注意力额外响应。

只要一件事你做起来游刃有余，好像是自动化完成的，那么你就有可能有多余的认知关注另外的事情，而不会手忙脚乱，看起来就像能一心多用了。

明白了吗？

素材梳理得干干净净，而且讲得清清楚楚。

再来一个案例，这次是原稿太差，我来改写。

原稿：

我关心的是我和谁一起工作可以更快完成工作目标，如果这个人我不喜欢，需要我做怎样调整可以尽快完成工作，工作早点儿完成，可以早点儿摆脱和不喜欢的人一起工作，把更多的时间留给喜欢的人。

大叔改稿：

在职场里我们经常会遇到自己不喜欢的人，但是却不得不和他们一起工作。我知道作为一个职场人，应该首先关注目标，而不是情绪。

那么在这种情况下，我该如何调整自己的心态，才能更好更快地完成工作目标？

毕竟工作早点儿完成，就可以早点儿摆脱和不喜欢的人一起工作的局面，把时间留给自己喜欢的人。

要是换作和喜欢的人一起工作，那就简单了。我的老板秋叶大叔就是我喜欢的人，所以每次答疑，我都努力鼓动大家提问题，提特别多的问题，让他整个晚上都走不开，这样我就能和喜欢的人多待一会儿啦。

优化素材是学习别人的写作思维、框架的过程，但我又没有教你发表，署名说是自己原创的啊！如果你从来不模仿好文章，没有严格按照人家的起承转合去练习，你的写作水平是很难提高的。

所以最后一课我会教你们复盘法。学会这个方法，不管什么类型的文章，都可以对着练。但是素材内容优化得更好，就可以用好的框架，用更好的素材。

要找好的素材，就要学会利用第 4 课分享的各种网站，这些网站是互联网的海量素材库，只需要我们学会搜索，用对"关键词"，就不愁没有素材。而拥有联机思维的人，不仅会从网络存储的空间中搜索信息，更会从信息流的时间中挖掘话题。

问：搜索能力不足，如何快速达到大叔这样的搜索水平？

答：你不能因为发现你能力不足，就想用比别人更少的时间超过别人。

真相是你要因你的落后而付出更多时间去追赶，因为在你进步的时候，别人可能在加速进步。

如果你的进步太慢，你就很容易半途而废，选择让自己舒适的生活。

而享受过技能带来的好处的人，却更愿意打磨自己的特长。

就好比我们学搜索，很多人希望一下子达到我的搜索能力，但是每一次同样的搜索动作，我往往无意识中用到了更多的技巧和思考，所以我很自然就解决了问题，看起了我要找的内容。

而你搜了半天，找到的都是垃圾、骗子、广告，你放弃了继续搜索，也放弃了对你能力的磨砺。

这就是绝大部分人的学习过程。

不是真正想学习，只是想问老师学习是否有捷径。

其实捷径是存在的。例如，你们来我们的写作课，就已经知道，关于素材，我们可以十分钟搞定，这就是捷径。

如果你们不学习，很可能一辈子都不知道这些捷径，会浪费大量时间在无效的劳动中。

但问题是仅仅知道捷径是不够的，你还需要掌握在捷径上行走的技巧，或者说达到捷径的路，想要实现这一点你需要走，你需要练习，你不能问"为什么他可以，我不可以"。

你应该问"他用了多少时间做到"，然后你也去加班加点搞定，这样，你才能很快缩短和高手之间的距离。

事实上，你和高手的差距越小，你越会发现绝大部分人会面临一条能力线，很少有人能突破这条线。

这个时候，你发现你和绝大部分高手是一个档次，大家在一个水平待很久，都没有什么提高。

这没有问题，因为作为达到了这个能力线的人，你已经可以很好地照顾自己了。

问题在于，很多人一辈子待在及格线，甚至及格线以下，却不知道要去锻炼自己的能力。

所以说让无知的人耽于无知，也许他们会更开心。

不要试图叫醒装睡的人。

问：建立自己的素材库和联机搜索之间，要怎么取舍？作为写作新手，是否还是要老老实实地建立自己的素材库？

答：我不反对你同时养成建立素材库和联机搜索的习惯，但我个人因为搜索能力还行，所以我宁可搜，也懒得整理了。

因为对于我而言，搜索带来的灵感和可能性，远远大于素材。

但是对于某个主题、专题，持续建立优质素材库是必要的。

比如我有时候会阅读到有价值的信息，今天我就读到一段：

斯坦福大学的一位教授有 3 个孩子，2012 年时，我们一起参加过斯坦福大学招生和经济援助政策委员会的会议，高中生的压力和紧张是议题之一。这位教授侧头对我说，有天晚上，早就过了就寝时间，他的 3 个孩子都还有堆积如山的作业没完成。他的解决方案是什么？他叫还是小学生的孩子上床睡觉，让读初中的孩子完成小学孩子的作业，让读高中的孩子完成初中孩子的作业，自己则完成高中孩子的作业。

　　这个故事挺好的，但我懒得整理，因为它很容易就能搜到。

　　很久以后，如果有一天你们想找这份素材，你们会怎样搜？

　　我搜的是：斯坦福 教授 高中 初中 小学 作业。

　　既然你总是能够搜到，你的使用习惯就会切换，或者更多地习惯搜索，而且你会发现互联网这个信息库资源远远大于你的素材库，你就会明白学会搜索很重要。

　　当然，一些私密材料，比如语音、截屏、照片，那是必须得整理的。

　　不同搜索引擎的强项是不一样的，但是今天的搜索引擎，"污染"越小的越好用。

5 结构化写作

给你一个方向，马上就能写出好文章

扫一扫
听秋叶大叔讲解

5.1

怎么解决不想写的问题

很多人和我说："大叔，其实我也不是不想写作，我是明明知道我该写，可我不想写。我也不是没话题写，我是没心情写。我一个字也不想写，我很烦。"

所以说，很多人的挑战，是如何和自己的情绪做对抗。

那接下来让我们看一下怎么克服情绪的问题。

首先，我要告诉大家，作为人是很难没有情绪的。人不能和自己的情绪对抗，对抗自己的情绪是无效的。就算我们强行在某个口把这个情绪压住，它也一定会在另外一个口以更强烈的方式释放出来。

那有的伙伴说："大叔，那照你这么说，我来情绪了，我就可以不写了吗？"

不是的，我们要培养习惯。即使在我心情不好，我有坏情绪的情况下，我也会刻意依赖自己长期坚持的写作习惯，写出一些东西。哪怕这些东西和我状态好、情绪好的情况下写的东西有差距。但是因为有好的习惯、好的方法，我总是可以写得比一般人好一点点，这就可以保持我的产出。

很多优秀的作家，每天都要写，他们把这个叫"练笔"。就像演员、歌手常会讲："三天不练，观众知道。"如果我们自己不坚持练笔，我们对写作的感觉会慢慢退化。一开始是一天不想写，后来是 3 天，再后来就变成一周不想写，再后来突然发现自己已经一个月或一年没有写。等再想写的时候，就会发现：我有情绪了，我想写了，可是我不会写了。

所以越是在情绪不佳的时候，越要靠习惯来写作。

10 种体裁的写作框架

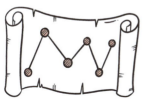

如果把框架式写作理解为快速搞定可以写作的方向，那么结构化写作就是给每个方向写出好文章。

写一流文章，需要天赋，写合格文章，需要套路。有了套路，即使没有灵感，也可以开启你的写作模式。

什么叫套路？就是文章的写法。我们很多人写文章，容易陷入一种套路中，或者去不同写作班学写文章，学了一些套路，但是这种套路用多了，读者会腻，自己也会腻。

比如现在网上教大家的写作套路一般都是写故事，上金句，写反转，这些套路当然有效，只不过写好一篇故事除了需要方法指导外，还需要反复训练。

我们这节课会尽量给大家总结一些简单好学，还能受到欢迎的结构化写作方法。我将其总结为日记体、清单体、语录体、资讯体、点评体、图片体、问答体、互动体、实用体、鸡汤体。

这些结构化写作方法，可以理解为写作的框架，也可以理解为是用一个框架帮我们完成一个落地写作灵感的捷径。我提供的写作方法，都是我自己写作过程中用过的方法，都属于相对容易复制，又容易被网友喜欢的。我希望大家掌握这 10 种写作框架。一旦你发现一个话题你有 10 个写作框架可以选择，而每种写作框架你都有一些好的写作的套路，你就可以用这么多年慢慢坚持下来的写作习惯去战胜你的情绪。

结构式写作：用熟练的习惯战胜情绪

10种体裁，10种常用写作框架

日记体	清单体
语录体	资讯体
点评体	图片体
问答体	互动体
实用体	鸡汤体

5.2.1　第1种写法：日记体

这种写法的代表是"剽悍一只猫"。我的很多文章也是日记体，就是用自己的话回顾一下今天的所思所想，有故事，有共情，有金句，就是一篇好文章。

这种写法的基本框架是一个小碎碎念做一个单元，一篇文章由几个小碎碎念构成，这些碎碎念可以相互有关联，也可以是前后毫无联系完全独立的。

如果你今天的事情比较多，而且值得记录，你就可以采用这种写法。用这种写法写起来非常轻松，不需要考虑上下文的联系，等于一件事记录一小段，关键是要努力写出有趣的事情，或者值得分享给大家的新鲜事，如果在每段的结尾有一句金句点题，那就是佳作了。

日记体比较适合用来写自我疗愈类的文章，所以很多日记体里面都会有一个日签。关于日签，推荐一个APP"mono"，它每天可以生成一张打卡的日签，格式形式都比较固定，这也可以作为一种配图的方式。日记体其实是有固定格式的：比较统一的开头，比较统一的写作碎碎念。我今天做了什么事，记下来，有个结束，就可以了。

我的很多微信文章就是用日记体写的，只不过就是在日记里面，放点儿故事，放点儿实用技巧，顺便还能养成写日记的习惯。我也不娱乐大家，就是让自己有一个记录的窗口，有一个抒发情绪的窗口，这就是日记体的写作。

5.2.2 第2种写法：清单体

清单体，在网上就太多了，红黑榜，排行榜，本质上都是清单。我们只需要知道，任何行业都有大量话题值得做清单，最值得推荐的书，推荐的课，推荐的"牛人"，推荐的分享，这些都可以做成清单。

所以我们平时在自己擅长的领域一定要多花一点儿时间做积累，积累能够写清单的话题，把它变成一个框架树，有时间就把框架里面的素材搜集起来，放在你的素材库里面。到了没东西写的时候就把这些清单拿出来，而且有的清单是可以每年都复用的。

比如，2018年值得推荐的10本书，2018年值得推荐的10门课，2018年值得推荐的10场分享。每年的写作任务靠清单就可以完成一大部分。

清单体指以数字标注或者分行罗列的清单作为主要形式的文章。最典型的"清单体"标题诸如"24件初次约会可能遇到的囧事""7款女生看了都忍不住'剁手'的小点心""收纳小物件的33个办法""一辈子必须去的7个景点"……

我写过很多标题是"10招教你写好工作总结""做好PPT的7大神器"的文章，都是清单体。

分享知识类内容的文章，很适合清单体，我们只需要大概想想我们自己能穷尽的可能，再利用我们的联机式写作搜索类似的网络素材，做好排序，就可以完成一篇清单体文章。

像我最近在微信公众号"秋叶大叔"发的文章，就是清单体——《搞定抖音，你必须知道的10个新规则》。

总的来说，清单体是一种相对好写的文体，不管是晒观点还是晒商品，都很好写，关键是清单搜集的质量要高。清单体一般最少凑足10条，如果超过10条，那么具体的条数尽量往大家喜欢的数字上凑；如果内容太多，就要舍得删减，只留下最精彩的。

"罗辑思维"就是使用清单体的代表。

另外，很多互推微信公众号的文章也是清单体，它们常会列出自己写得最好的 10 篇文章，配上图片链接，邀请好友点击关注。

| 作业 |
用清单体写一篇文章。

看看别人的作业吧/

5.2.3　第 3 种写法：语录体

说到语录体，中国老早就有语录体的先行者孔子。

语录体侧重只言片语的记录，不重文采，不讲篇章结构，不讲篇与篇之间甚至段与段之间时间及内容上的必然联系。

语录可以是一段话，也可以是一段对话，关键是语言要言简意赅，能够启发他人。

如果你听了一场分享会，来不及谈自己的心得，不妨把现场嘉宾的语录一条条列出来，这就是一篇语录体文章。

搜索一下"马云 语录"，稍微改改，就能写出一篇《最受欢迎的 10 条马云语录》，也是一篇语录体文章。

写书评或者影评时，你可以直接摘录书或电影中的内容，写"最打动人心的 10 句台词""最深刻的 10 句话"，这些都是语录体，也可以看作语录性质的清单体。

不要以为语录体不能用于普通文章的修改，下面这段话，就是用语录体写的。

一部热播剧，也是一本育儿经。孩子要怎么带，我们还真该听听魏璎珞的心得：

凡事不骗孩子，保证跟孩子说实话；

孩子想尝试，给他机会而不要明令禁止；

孩子有自己的成长规律，释放他的天性；

降低对孩子的期望值，改善孩子的缺点。

要知道，孩子的成长只有一次，你怎么养，他就成了什么样。

我修改了一下，还是用语录体，只不过加了一句话强化互动。

一部热播剧，也是一本育儿经。孩子要怎么带，我们还真该听听魏璎珞的心得：

（1）把孩子当大人，跟孩子说实话，孩子才会真正长大。

（2）孩子想尝试，要给他机会，愿意满足孩子的好奇心，才能管住孩子的好奇心。

（3）尊重孩子的天性，该释放天性就释放，会玩的孩子不会输。

（4）抱着平常心培养孩子，接纳孩子的缺点，父母不强求，孩子才不勉强。

看到这里，忍不住问一句，妈妈们，你希望你是魏璎珞一样的妈妈吗？

如果你经常能写出一些金句，你也可以用语录体来写文章。在搜狗引擎的微信搜索栏中搜语录，你会发现有很多微信号的文章就是语录体，这个时候可以把自己和别人的金句做一个合集分享给大家。如果这个金句写得非常动听、非常动人，让很多人喜欢，那么这个合集就可以被称为语录体。

我觉得当你到了一定的岁数，你还可以写"活了××年，我感悟出的 10 个道理"。当年猫叔写了一篇文章：《我花了 10 万元的学费，总结出了这 9 句话》，结果就火爆了，被好多人模仿。

有时候我在群里作分享，有人就把分享中的精华的观点做成了一个语录体，当时他是交到作业里面了，但是他没想过，这种好的分享，好的观点，打个包，也是一篇好推文。我们平时听一些"大咖"的分享，看一些经典的好书的时候，都可以考虑把里面好的观点变成语录，写进自己的微信公众号文章里面，进行传播和分享。这往往也是我们很多人写出优质文章的一种方式。

这种写法在很多微信群里可以看到，就是每日重要信息的通报。

它有很多变种，基本上要么按人群细分，要么按行业细分，很多人会在资讯体文章的最后悄悄带一个自己的广告，然后到不同的群里广而告之。

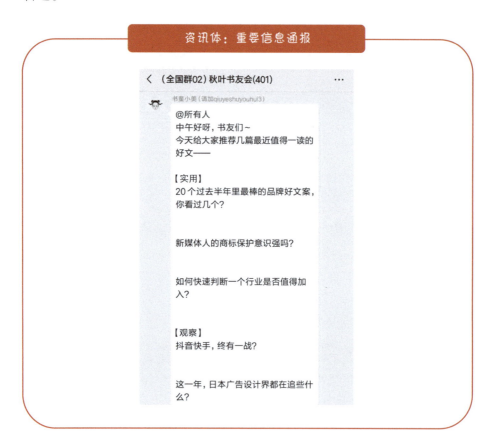

资讯体在很多专业圈子里也蛮受欢迎的。资讯体可以看作是一种特殊的清单体，但资讯体并不等于清单体，因为资讯体的写作，第一不追求非要凑多少条，第二不一定追求简明扼要，可以在信息的报道上多写一点儿，第三可以给资讯加上个性化点评。

即便是微信号，也有坚持这种写作模式的，比如"36 氪"。

如果我们擅长挖掘最近热点新闻中话题性比较强的内容，比如某大佬的新发言，某大厂的新动作等，只要把相关关键词都堆在标题中，文章就已经足够吸引眼球，所以把一段时期的热门事件做一个得体的微点评，把关键词堆积在标题，很可能就是一篇阅读量高还讨大家喜欢的文章。

5.2.5　第5种写法：点评体

我们经常在生活中享受美食，去旅游，这类内容也可以写成文章。它不需要太多的故事，我们写作的目标是用文字活灵活现地描绘出勾人的味觉、视觉、触觉、嗅觉，听觉，营造出感官上的吸引力，点评你享受到的体验，吸引别人去体验。我把这种文章称为点评体。

写点评体的技巧其实很简单，第一个诀窍是用通感笔法去写。也就是写味觉，你要用视觉思维去写，用听觉思维去写……

心理学研究屡屡表明，字词所激发的概念，当它们能在头脑中产生清晰的视觉意象时，最容易让人产生印象。当然产生其他清晰的感官意象，也很容易让人留下深刻的印象。

很多美食文章的标题，就是这样的代表。

《神奇的牛轧糖葱香米饼，一口咬下54层》（美食台）。

《怎样一口吃掉9朵玫瑰和15朵茉莉？》（美食台）。

《薄如蝉翼的金华火腿，每一口都是时间的味道》（一条）。

上面一组标题，都是在谈食物的风味，却都没有使用形容味道的形容词，而是用一些具象的名词来激发画面感，让人印象深刻。比如形容葱香米饼，不用"薄脆"，而用"一口咬下54层"，形容鲜花饼，不用"清香"，而用"吃掉玫瑰和茉莉"，让视觉和味觉产生联动。

点评体的第二个诀窍就是用名人做背书。人们对于有来头的东西总是格外感兴趣，也更愿意一探究竟，这就是背书的力量。

《今年头采的西湖龙井，慈禧太后喝的就是这家的茶》（一条）。

《这就是传说中得了2016年红点奖的那个：猫厕所》（一条）。

以上述标题为例，历史故事、获奖经历、社会名人、销量、专业人士等都是让标题增加分量的关键词。

第三个诀窍是把一切平凡的东西都升华成生活态度。

对很多人而言，吃什么、用什么的关键不仅在食物、器物本身，还在于它们能营造出的生活氛围，俗称"××代表着××的生活态度"。

《吃掉一只优秀的小龙虾，就抓住了南京的夏天》（企鹅吃喝指南）。

《憋了一个冬天，老夫的少女心被这口小甜水唤醒了》（企鹅吃喝指南）。

《一颗懒蛋蛋，解救你的冬日焦虑症》（ENJOY美食）。

现代人有太多病症需要治愈：失眠、焦虑、抑郁、丧、社交恐惧、尴尬癌……现代人有太多心理需要被满足：文艺心、玻璃心、逃离心、少女心、公主心、女王心……文章中出现与此相关的字眼，点击率也会更有保障。

第四个诀窍是用活对比。

《吃过这枚凤梨酥，其他的都是将就》（艾格吃饱了）。

《它甜过世界上99%的水果，慕斯般口感好迷人》（下厨房）。

通过对比将对象某一方面的特点放大，看上去似乎有点儿夸张却不会令人觉得浮夸，而会让人产生进一步了解的欲望。

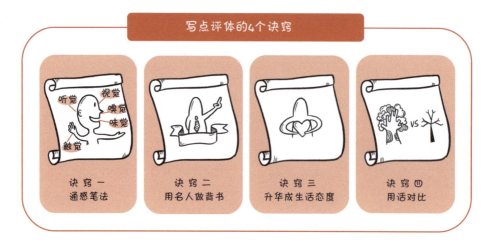

写点评体的4个诀窍

诀窍一 通感笔法　诀窍二 用名人做背书　诀窍三 升华成生活态度　诀窍四 用活对比

了解了这4个窍门，我们就知道一篇好的点评文章的结构了。

▶ 用另外一种感官去描述你的体验。

▶ 拉出名人为你的体验背书。

▶ 找一个知名度不错的产品做垫背的。

▶ 用某种生活价值观升华一下。

当然，顺序可以调整，用这个方法写影评、乐评、游记、美食，基本上都能写出大家爱看的文章。

网上经常会有热点，那热点怎么切入，怎么写出新意，是我们写作需要解决的问题。有一些热心的平台已经把追热点的方式都写出来了。不管是热门影视剧，还是热门话题，怎么追？我们给大家推荐一篇自己写的文章，看完这篇文章大家基本上就不缺思路了。

《如何追热点写出爆款文章？》（微信公众号：秋叶大叔）。

我这里要说的是，凡是百度能解决的问题，我们不教。这两篇文章大家可以收藏起来，没有灵感的时候看一看。

5.2.6　第 6 种写法：图片体

我们都知道有种写作文的方式叫看图说话。

描写美食、旅游景点，描述企业团建、体育赛事，写电影评论，都很适合用图片体。一张张图晒下去，配上一段段文字，用图片串联话题，一图一文，或者几段话配一张图，或者一段话配几幅图，这就是经典的图片体文章。

很多人把它理解为画漫画，或者做长条文，或者看图说话，其实在写游记，写美食，包括写实用技能教程时是会经常用到图片体的。比如我们团队的沈小怡，她经常到外面去探店，每次都会拍很多美照，回来就写一篇文章：我到了这个店，见到了谁，他怎么给我做，吃起来什么感受……哎，一篇带有生活气息的美文就这么完成了。

像秋叶 PPT、秋叶 Excel 的微信公众号，内容主要是实用技能教程，用的基本上也是图片体，说明文字＋配图，按操作步骤一段一段写下去，一篇文章就出来了。

有些微信号更进一步，全文用的都是图片和表情包，传递了各种含义，搞笑无比，这么做的反而是大号。比如"混子曰""天才小熊猫"，这种都是"牛人"。

我曾经写过《一个鸡蛋的故事》(在网上搜索：一个鸡蛋的故事 秋叶，即可看到)，整篇文章都没有用文字，而是找了一组风格接近的图片，加上我拟的台词，结果这篇文章很多人爱看。

这种文章的写作技巧，是找到一组风格一致、主体拍摄对象一致的图片，然后加上自己的创意，将其变成一个四格漫画，或者更长的图片故事。

一旦找对创意，这样的文章是非常受欢迎的。

比如 @ 佟海宝 ，他是教大家手机摄影的，他经常写一些拍照怎么摆姿势，怎么调光圈，怎么布景的文章。把这个内容做成教程也是很受欢迎的。

所以像游记、美食、摄影还有各种各样的知识类的文章，比如秋叶PPT、秋叶 Excel 这两个微信公众号里的文章，都是非常适合用图片体来写的。更不要说有些人就是会画漫画，会画长图文，那就更厉害了。

图片体的应用也是很广泛的。网上有了热点事件，我们还可以套别人的图片体来讲自己的故事。还记得"友谊的小船说翻就翻"吗？

5.2.7　第 7 种写法：问答体

问答体有两种，第一种是简要回答多个人的问题，拼成一篇文章，尽量让问答的内容都在一个范围或几个范围内。

这种写法可以让读者启发作者的发表欲望，降低作者写文章的挑战。我当年在"秋夜青语"微博问答答疑时，经常用这种方式保持自己的写作欲望，等于是用读者倒逼自己输出。

第二种是把一个复杂的问题变成一系列问题，然后一一作答，可以倒逼自己输出。

比如电影《哪吒之魔童降世》(以下简称"哪吒") 上映，我们可以提出如下问题清单：

为何那么多人要看"哪吒"？

"哪吒"有多好看？

你如何看待部分网友的剧透行为？

……

问题越具体，越有针对性，文章其实也就越有可看度。

除了热点事件，人物访谈也很适合用问答体来写。

行业政策、育儿的知识、疾病解惑，这些都很适合做成问答体。你问我答，把大家关心的知识打个包。更不要说一些名人访谈，采访大纲本来就是问答体。

邻三月在微信公众号写过一篇非常棒的问答体文章，建议大家好好研究一下《10 个测试题，鉴定剽悍一只猫真爱粉的时刻到了》。这篇文章不只是提了 10 个问题，而且每个问题的选项设计得都特别搞笑，关键是她还用到了排版的技巧，你答完以后，马上让你看到答案，这就是将问答体跟幽默感，跟社群铁杆粉丝之间的互动以及排版的技巧完美地结合在了一起。

大家有时间可以去看一下这篇文章，相信你也会找到属于自己的"10 个测试题"的灵感。

5.2.8 第 8 种写法：互动体

写作有两种模式，一种是作者创造内容，读者看，这种也叫 PGC 模式（Professional-generated content，即专家提供的内容）。

另一种是用户创造内容，也叫 UGC 模式（User-generated content），互动体就是一种作者提供话题，让读者留言创造内容的玩法。

互动体实际上是"我不写了，但是我把评论区搞活，相当于我做了一个树洞，让大家来吐槽。"比如每年国庆节都有这样的话题：强烈推荐国庆 7 天长假出游地点，去哪里人少还便宜？很多人写的是家里、单位，然后下面就是各种各样的吐槽。

强烈推荐！国庆七天长假，去哪人最少还便宜？

单位

比如还有一篇很经典的《喜大普奔，今年春节假期延长一天！》，结果打开只有一个词——做梦。

使用互动体最简单的方法就是提出一个问题，请大家留言，通过回复和置顶优质留言，吸引更多人参与互动。

但是要想让互动体真正能玩起来，有两个前提，一是你的账户要有足够的订阅数，二是最好通知一些积极读者带头来互动，把气氛造起来。

如果你的号有一定数量的读者，活跃度还蛮高的话，一定要创造一些互动体，让大家在文章评论区说说自己的事情。一些千万级的大号，也会经常在自己的微信公众号发布互动体文章，比如，今天说一个什么样的故事，说不定你的故事会成为我文章的一部分哦。

所以当你没有灵感的时候，既可以通过互动体写文章，也可以通过互动体收集灵感和素材。

另外要特别提醒大家，大家不要把互动体狭隘地理解成就是写文章，其实在 H5、在微信群聊、在课程直播，引导大家到留言区刷评论，都是用互动体的方式写作。一个好的问题可以把大家引爆。像我就经常会发一些文章给公司的小伙伴们，并提问，让大家把自己的观点提出来，好的观点不但能够启发别人，也帮自己做了一次升华。

比方说，我问过一个问题："输入 BM，你的输入法会显示什么？"有的人显示的是报名，她是我的学员。猜猜我显示的是什么，爆满。

其实我们还可以思考一下，如果要做一个 H5，做一个小剧本，这个对互动的要求非常非常高。所以我们一定要把思路打开，不要认为写文章就是写文章，互动也是一种写文章的方式，而且一旦掌握了互动体，运用的场合远远不止写文章。

最近有一个 H5《如何摧毁一个铁妈》，虽然是一个 H5，但是人家也必须先做脚本，创造出强烈的代入感，找准痛点，这种也是典型的互动体。

换句话说，做 H5，特别是互动感强的 H5，也必须从写作开始啊。

5.2.9　第 9 种写法：实用体

有伙伴说，我就喜欢写实用技巧，写行业深度评论，把一个知识点归纳得非常齐全，我不希望写那种比较励志的，比较浅的，比较蹭热点的东西。实用技巧的写法千千万，我也讲不完，但是有一条，我可以告诉你，要想写实用技巧，就要多看一些爆款的好的实用性文章。135 编辑器中有一个内容频道，里面有这一天各行各业的好玩的热门文章，有知识类的，有新媒体方向的，有能够启发我们怎么写作的，有为我们示范怎么样写一篇实用性文章的，大家如果经常看这些好文章，相信能得到很多启发。

这种文章是写一个领域话题深度的内容，比如我写的这些文章：

▶《关于阅读，这 3 个冷知识你知道吗？》;

▶《为什么你写了一篇好文章，发在平台上，却没有人看？》;

▶《如何追热点写出爆款文章？》。

一般而言，一个写作者要定期写一些这样有深度的文章，才能让读者信服。

这种文章的确需要作者对领域有深度的观察，有犀利的分析，有令人信服的推测。

实用性文章有 3 种常见的写法。第一种是从历史维度出发，由远到近，将前因后果娓娓道来，展示的是对话题的深度思考，在一些政经号很常见。

第二种是从某一个学科角度，用各种分析框架深入探讨背后的因缘，这种文章在果壳网有很多。有的号甚至用实证的角度，加上各种脑洞大开的趣味实验，也将文章写得非常有意思，比如"毕导"这个清华理工男的微信号。

第三种是从不同角度、不同维度去分析一件事背后的观点和矛盾，对于热点时评，我们看到的很多深度评论，往往采用的就是这种写法。

举一个小例子，关于最近很火的996工作制的讨论：

马云说公司实行996工作制，是员工修来的福报，自己是7×12工作制。

刘强东说自己创业睡地板，每两小时回应一下论坛用户。

是的，我们很佩服马云、刘强东这样的创业者，我们知道，这是创业路上必须经历的煎熬之一。但是别忘了，做公司的目的，并不是让员工都成为奋斗者。我们要允许，有人只想完成合理的工作量，拿到合理的工作回报，有自己的私人生活。

存在即合理，我不能说996有什么不对，但我们必须清醒地认识到，创业者愿意拼搏，要么是为了理想，要么是为了赚更多的钱，但是绝大部分人并不需要有太高的理想和太高的欲望。逼迫他们超负荷地工作，也在积压各种不满的情绪。一旦这种情绪爆发，轻则会造成企业危机，重就会引发社会问题。

推荐2个写实用性文章最简单的结构框架。

框架1：what why how（2W1H结构）。

▶ 这个现象是什么？或者现在到底发生了什么？

▶ 为什么会发生这样的事情？

▶ 我们有什么方法解决？

框架2：SCQA结构（金字塔原理）。

S：situation（情景），由大家都熟悉的的情景、事实引入。

C：complication（冲突），实际情况往往和我们的要求有冲突。

Q：question（疑问），怎么办？

A：answer（回答），解决方案是……

- ▶ 谁遇到了怎样的困境？
- ▶ 现在产生了怎样的冲突？
- ▶ 会造成怎样的后果？
- ▶ 有什么好的解决对策或建议？

先把这 2 个分析问题的框架拿下，以后就真的要去读 MBA 商学院，营销的问题用营销方法分析，心理学的问题用心理学方法去分析。

写不出实用性的文章，基本上都是因为书读得少，事见得少。

5.2.10　第十种写法：鸡汤体

我们常常会说一篇文章是"鸡汤"，但什么是鸡汤，其实很少有人说得清楚。我认为凡是刻意用激发情绪的方式引导大家产生共鸣，而不是用理性讲理、特征说明、客观记叙等方式写作的文章，都可能被大家归结到鸡汤体。

鸡汤体最被人诟病的就是，抓住一个痛点放大，容易绝对化、情绪化，会让人冲动转发、冲动评论、冲动购买，但就是不会让人理性思考。

作者表面上看起来对读者推心置腹，其实内心对读者的反应却处处小心，要提前预判读者在哪里需要一个怎样的刺激，在排篇布局、遣词造句上极尽挑逗之能事。

一个人成长、成熟之后，会对自己曾那么容易被这样的文章煽动、激发情绪感觉到讶异，进而产生对这类文章的反感。其实这是没有必要的，这顶多说明你需要阅读更高级别的鸡汤文了，而不是你就不需要鸡汤了。

我倒是觉得，在人生遇到艰苦困难的时刻，有一碗鸡汤让你有勇气再出发，不管那时人多么天真，那篇文章多么肤浅，我们都得感谢让我们变得更坚强的这碗鸡汤。

倒是那种表面打着关心你的旗号，其实暗地给你设套的鸡汤文章，才是我们应该警惕的。

所以鸡汤体，我们只要知道谁写得好就够了，在网上写得比较好的大号，粉丝量都是千万级别的，比如十点读书，十点读书的文章比较偏疗愈类，有点儿像《读者》。还别说，《读者》杂志也开了一个微信公众号，也约投稿，也给稿费，现在阅读量也蛮高的，文章是比较偏温暖的鸡汤。

如果你是个内心情绪很重的人，你就把人们往情绪的方面带，如果你是个温柔的人，你就看一看十点读书。其实每一个人的写法都不一样，我们对他采用什么样的方式表达这件事本身是不会做道德判断，也不会做动机判断的。但是我们可以关注自己喜欢的作者，关注自己喜欢的写作平台。

当然我们开课不是研究学问，我们就是告诉大家鸡汤体的常见写法。

好鸡汤离不开讲故事，故事是最容易引爆一个人情绪的，如果故事中再加上金句，那简直是完美。

大部分人的生活是很平凡的，越是平凡的人越希望看到不一样的故事，让自己平凡的生活多一点儿不同颜色的希望。所以好的故事必须有起伏的情节，有悬念，能满足人的好奇心和同理心。

写故事有两种常见视角，第一种是以第一人称，讲自己或自己身边朋友的故事，开头往往是我有一个朋友，他生活在怎样的场景，遇到怎样的困难，他现在是怎样的心情，必要的话再加上解决方案或者一句话金句点评。

北大光华管理学院的高才生叶子，结婚生子后，成了一位全职妈妈。她本想在育儿方面做出一番事业，但开设的公众号不到半年就停掉了。

叶子说，她本以为自己文笔不错，可以写出爆款文章，但实际是每篇文章的阅读数都少得可怜。

经常左思右想不知道写什么，本来还想以写公众号文章作为副业赚钱的敲门砖，现在看来是不可能了……

但一个月后，叶子整个人又变得神采奕奕，重新开始更新公众号文章。

原来，她在这一个月里参加了一个写作营，虽然很辛苦但收获很大，她现在对写公众号文章很有信心。

这段话是第三人称，写起来就不容易产生代入感。如果用第一人称改造，就容易产生我给你讲故事的对话感：

叶子是我的好朋友，北大光华管理学院高才生。她毕业后就结婚生子，现在是一位全职妈妈，她之前有一个专门介绍育儿经验的公众号，可是不到半年就停掉了。

她苦笑着对我说：

"本以为，以我的文笔完全可以写出爆款文章，可现实是每篇的阅读量都少得可怜。

经常左思右想也不知道写什么，本来还想以写公众号文章作为副业赚钱的敲门砖，这么看就更不可能了……

所以就停了，又回到了原来的老样子。"

没想到过了一个月，再见叶子，她一扫往日的阴霾，神采奕奕地对我说：

"我决定要重启我的公众号了。"

原来在这一个月里，她参加了一个写作营，她说太辛苦了但同时收获也太大了，所以她现在对她写公众号文章很有信心。

这样改造以后，是不是故事感强了很多？

第二种是以第三人称来写，多用于讲别人的故事，适合用时间轴串联全部细节，在讲故事的时候不断创造反转情节，吸引读者继续看下去。这种反转多的写法，在知识付费行业用得很频繁，我把这个叫逆袭体。为了卖课，几乎每个名师都必须把自己的经历写得一波三折，似乎只有我们秋叶Office团队不太用这个，我们一般更强调学员的收获，课程体系，尽量不突出老师。因为我们认为一个长久的教育品牌，是不能过度绑定到某个具体的老师身上的。

不过我拆解过逆袭体的框架。

▶ 主角是谁？——一定很像平凡的你。

▶ 他想要实现什么目标？——一定是普通人想做到的。

▶ 他遇到了什么困难？——一定是普通人会遇到的。

▶ 如果失败了会怎样？——一定是普通人害怕的。

▶ 他是如何搞定的？——一定是经历了普通人的纠结和努力。

▶ 然后他如何开始了自己"打怪升级"的人生？——一定是普通人期待和梦想过的结局。

▶ 现在他为你奉献了怎样的诚意？——他为你带来了一门课。

在这7个部分中，每隔一段就需要植入一句金句，务必追求切入人心，增强说服力。

有人写鸡汤，就有人写反鸡汤，对看不顺眼的文章观点提出自己的反驳，只要压准了情绪点，一样能火爆。

反鸡汤文并不见得就比鸡汤文更优越，无非是压中了另一种情绪，满足了另外一群人的宣泄需求，或者满足了另外一群人的智力优越感，这带来了爆点。

要理解鸡汤体和反鸡汤体，就得搞清楚文章能命中别人的什么情绪。这就需要了解一下"沉默的螺旋"效应。

德国女传播学家伊丽莎白·诺尔-诺依曼在1980年《沉默的螺旋：舆论——我们的社会皮肤》一文中全面解释过该理论。

沉默的螺旋概念描述了这样一个现象：人们在表达自己的想法和观点的时候，如果看到自己赞同的观点，并且该观点受到广泛欢迎，就会积极参与讨论，将这类观点越发大胆地发表和扩散；而若发觉某一观点无人或很少有人理会（有时还会有群起而攻之的遭遇），即使自己赞同它，也会保持沉默。

意见一方的沉默造成另一方意见的增势，如此循环往复，便形成一方的声音越来越强大，另一方越来越沉默的螺旋发展过程。

但如果有一个人特别淋漓痛快地把这群沉默的人的情绪抓住，并用犀利的文字陈述出来，就能得到这群人的共鸣。这群人也会因为自己的观点得到了表达而变得活跃和支持认同该文章。

| 作业 |
用鸡汤体写一篇文章。

所以，学会这 10 种写作框架以后，用一个还不错的框架，找一个不错的观点切入，赶紧把这篇文章写出来，发到网上去，只要赢得 80% 的人的赞同就够了。

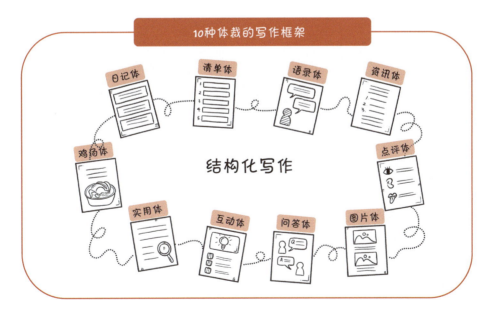

我要提醒大家的是，不同的写作框架带来不同的起标题的思路，不同的写作灵感。

比如有些社会名人上了热搜，这个时候你会发现用任何一种"体"都能够写出和他们相关的文章。

▶ 日记体

比如搜"××：美就是美，你们就是你们"。你会发现这篇文章明明是一个访谈，但是这个访谈写作的口吻，就好像给当事人写心情日记一样。这是一个非常经典的日记体文章，建议大家搜一搜，看一下。

▶ 清单体

清单体很好写啊，比如《演员的 10 大飙演技画面》等，总有一些读者爱看这个嘛。

▶ 语录体

还有一些语录体我也可以跟着写，我到网上搜"×× 语录：×× 是怎样炼成的"。把他这么多年写得好的语录一条一条排好版放到文章里面，效果就会好很多。人家读者还会说："你看，他就是不一样。他写这些东西跟他过去的行为是一致的。"

▶ 资讯体

用资讯体可以写《×× 又飙演技：这部作品是否超越〈×××〉》。虽然说我只写了一个平平淡淡的报道，但是我把这个报道里面相关的热点词汇拎出来当作标题，哎，也不一样。

看到这个标题，很多人都会点击。

▶ 点评体

《×××：十年磨一剑，终于等到你》。你把网友的评论搜集起来打个包分享给大家看。做一个搬运工不可以吗？可以啊。

你看，深刻地理解每一种结构体，其实就是理解了关于一个话题有什么样的写作方式，把这些方式记下来，你会发现，写文章还真的不是一种套路哦。

▶ 图片体

还是回到社会名人本人，你们也知道，很多头条上的文章就是找几张美美的图片，然后在这些图片下面放一点儿他们的故事，放一点儿他们的采访片段，一些金句。

比如可以写这样一篇文章：《最励志演员，从龙套到知名"戏骨"》。

如果在这个热点时间里面，你追话题写一篇这样的文章，不要说阅读量达 10 万人次了，达百万人次都是可能的。

▶ 问答体

问答体很简单，在做人物访谈的时候，一问一答，这个是名人最经常接受的采访形式。

▶ 互动体

互动体也很简单，你就写一篇文章，简单地描述一下这件事情，说一下自己的观点，然后你就问："大家怎么看 ×× 这件事呢？欢迎分享你身边的故事。"

▶ 实用体

实用体的文章也可以用社会名人的相关经历导入，一般来说这类文章有观点，有逻辑，有事实，有案例，很多人会喜欢，不过根据经验这类文章无法成为爆款。

▶ 鸡汤体

能红的都是鸡汤体。比如可以写《××× （人名）：没有该 ×× 的年龄，只有该 ×× 的 ××》。

发现没有，当你用不同的体裁去思考一篇文章的创作的时候，你会发现可写的点非常多，每个点都能写出好文章，写出爆文，如果你写不出来，根本原因还是你对体裁了解得太少，自己把自己的思想给局限了。

5.3

课后答疑

答：我有 3 个妙招。

（1）如果你严格按照某个结构去写日记体，就会避免使文章缺乏可读性。

比如将一段记录的字数控制在 500 字内，再加一点儿感悟，一句金句，这样写 3 段，层层推进，那么问题不就解决了吗？

这就是结构式写作的好处，可以靠结构约束自己规范写作。

（2）写完以后，假设这篇文章是一个自己完全不认识的人写的，去看这篇文章，问自己，哪些话你根本不想看？

让自己心里咯噔一下的话，把它全删了，不要怜惜。

如果自己舍不得，找一个朋友，请他删，删得越多，发的红包越大。

时间长了，红包能治好你存在的问题。

（3）写作之前先问自己一个问题：对于陌生的读者，你写这篇文章，浪费他们阅读注意力，你对得起他们的地方在哪里？

切记：在网络上，一个读者的阅读量，是价值 1 元的成本。

你损失阅读量，就是损失钱。

自嗨的本质是没有意识到自己的行为在付出代价，但是别人都看见了。

答：真诚就是我想用心推荐或分享我自己喜欢的东西给你。

套路就是我想用吸引你的方式去写。

有些人的缺点是不肯用心学套路，就用鄙视套路没学好的人的方式抬高自己，但对真正练好套路的人视而不见，甚至说他们不是套路。但谁敢说那些爆文背后没有套路？

很多人呢，是自己缺乏内涵，缺乏内容，然后就说别人文章写得好都是因为套路。错了。用心观察你会发现，那些千万级大号的文章有很多套路，但是你必须得承认他们写文章很用心，不管是他选的案例、他的文字，还是他的配图和取的标题。

如果你写文章愿意像大号一样去套路别人，我倒觉得我很佩服你，而且我会很欣赏你。尽管我不一定会同意你文章的观点，不一定会和你站在同一立场，甚至我会很强烈地反对你，但这丝毫不能掩饰我对你写作这件事情的尊重。

做装修有没有套路？

做饭有没有套路？

什么事情都有套路。

思路是你想到一件事可以怎样做，步骤是你开始逐步落实做的动作，套路就是成功的思路变成了固定的步骤，失败就是用错了套路。

答：（1）我之前写过一篇文：《为啥你写的书评，只能叫自嗨，出版社都不会用？》，里面介绍写书评的 6 个阶段，你可以对照一下，你的写作水平对应哪个阶段。

（2）仔细研究你就能发现，市面上好的文章，都是有套路的，你可以好好分析文章的套路。

（3）用这个套路随便找题材写，不用在意擅长不擅长，高手只求先多写。

（4）刀磨多了，自然快了。

（5）所谓用心，其实是说你舍得投入时间磨刀而已。

刀快了，刀刃就是别人眼里的套路，但它是你刀锋痛饮过的鲜血铸就的。

6 清单式写作

提升文章阅读指标的关键步骤

扫一扫
听秋叶大叔讲解

为什么要积累清单

很多学员问我："大叔，你是怎么积累到今天的境界的？"

首先，我觉得自己没有大家说的境界。只是说我通过复利式写作得到了一些比较不错的变现。但是既然说到积累，我就反问大家一个问题：什么是积累？

我觉得先要从经历谈起。其实每个人都有经历，你做过的所有的事情都是你的经历，但是经历不是经验，你如果把你做的事情完整地写下来，这才是经验。你能够拿出来分享、复述、传播的东西才叫经验。但是经验和积累之间还差一点点，为什么？

6.1.1 清单是积累经验，避免犯低级错误

把经验变成清单，让别人也能照做，这才叫积累。否则你的经验永远在你的脑子里面，别人不能够学习，不能够借鉴，这个怎么能叫积累呢？等你走了，不又从零开始吗？

所以我说，一个人积累多了，不是他厉害，而是他不犯低级错误。我们都以为高手是很厉害的人，其实不一定，高手不一定厉害，高手只是不犯低级错误。高级的继续犯，但是犯完了，他会把这些总结成经验，变成清单。这样的好处是下次它就可以变成低级错误，变成可以用清单去纠正并加以解决的问题。

在医疗行业，为了避免手术流程失误，给病人带来生命危险，引入了清单管理的概念。完成清单表上的一项工作，才能进入下一流程工作，这个小小的清单，拯救了很多人的生命。

清单式写作和清单体是两个概念，虽然在某种思维上它们是可以互

相借鉴的。我们平时写文章，可以任性，但如果是写商业文案，就必须严格按照套路去写作，少写一个关键点，就可能会使文章的结构不完整，流量就可能不会被充分利用。

6.1.2　清单让流程标准化，把"我知道"变成"我行动"

商业文案写作，也要清单。你写出来的文章，必须按照清单一项项对照检查：结构完整吗？素材合格吗？节奏合适吗？发布合拍吗？

如果我们有一份检查清单，或者把我们经常写作的类型套路化，变成写作自检清单，我们的文案带流量能力就会大大提高。

比如一家出版社出一本新书，从对接作者、确定选题到最终成稿，会有一套完整的操作流程。这样，就算是新入职的新人，也知道如何对接作者。

所以一个企业最在意的是标准化，标准化并不会因为你是一个个体，就没有这方面的要求。反而是很多人当了自由职业者，或者是在自己的职业工作中对自己没有严格要求。

什么叫严格要求？把你工作的每一个细节都变成清单，一项一项做到位，确保它不出任何问题，你会发现你的产品就是好，你的口碑就是棒，大家就是愿意跟着你一块学习而不愿意和别人学。这是因为你在清单的管理和迭代方面下了功夫。

所以我认为清单式写作是最值钱的。因为我们做的所有工作，可以在清单的帮助下不断升级和迭代的时候，就意味着不断战胜自己，去挑战市场上的最高水平，最终我们才有可能拿下最大的份额。

清单的价值在于能够把"我们知道的"变成"别人能够按照我们知道的去行动"，我把它叫作"我知道"变成"我行动"。

这样的话，我们的写作水平就开始标准化了。很多人认为写作与天赋有关，其实只要你有足够明确的要求，你会发现所谓的普通人，也可以写得比所谓的"大咖"好。因为这些"大咖"有可能匆匆写完一篇文，没有经过严格的清单检查，他也放松了对自己的要求。

6.1.3 清单迭代升级，是工作水平的升级

之前我写了一篇推文，是一篇软文：《如何成为一个戏精老师》。我把这篇文章发到群里，请大家帮我点评一下这篇文章合不合格，哪里有问题。结果大家就帮我提了很多意见。比如：

▶ 标题和产品缺乏关联；

▶ 塑造人物的篇幅比较长；

▶ 课程戳中的痛点比较少；

▶ 学员的成果内容不足；

▶ 广告的位置太靠后了；

▶ 没有介绍第三期课程的时间。

这些都是非常对的批评，非常宝贵的建议，拿着这些建议，我想请大家思考一个问题：下一次我写，或者我让我的团队写这篇文章，是不是就不会犯同样的错误了？我想请大家冷静思考一下，答案很可能是：No，还会犯。

所以我们要把这些经验改成检查清单，要是不把这些经验改成检查清单，这些经验就是没有用的。所以我们就把刚才提到的意见建议做了进一步深化：

▶ 标题要带产品关键词，带还是没有带？其实也不一定非要带，但是要有这样的思考过程，是考虑到什么原因，才不带的。

到了正文的部分，我们开始思考：

▶ 人物介绍是不是太长了啊，会不会让读者没有兴趣往下看？

▶ 是不是应该在读者产生兴趣的位置提前插入一个课程报名的链接？

▶ 是否介绍老师的内容过多，忘记强调学员的痛点了？

▶ 是否系统地展示了学员的成果，吸引大家报名？

▶ 结尾的时候，是否预告了下一期的报名时间，避免流量的损失？

如果我们把这些做成清单，下次发推文之前，由写作者自己或者专

人来检查，大家想一想，我们的文章质量会差到没法看吗？

其实，我们在写文章的时候，很多伙伴给了自己一个目标叫日更。我经常讲，不要日更，要日练。每天都要练，找个平台发，但是如果这个平台是准备做商业运营或者要做个人品牌的，那必须要有检查清单。达不到质量的文章，是不能发的。

所以邻三月会找桐心做排版，她就像一个检察官，每次排完版，她都要检查一遍，有没有错别字，排版对不对，表情包合不合理，图片抓不抓人，有一个细节不合格，她就不能发出来。如果我们把这些检查项写出来，变成经验，再变成我们内部使用的检查清单，那么这个工作出差错的概率就会非常非常低。

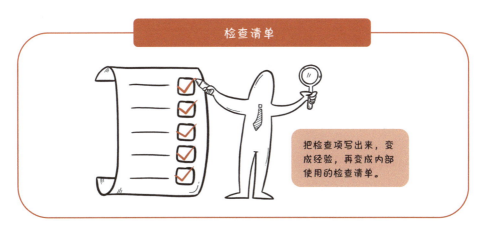

检查清单

把检查项写出来，变成经验，再变成内部使用的检查清单。

如果不变成清单，那么你所谓的经验就只是你的，不是大家的。

所以对我来讲，我觉得清单式写作比前面讲的各种各样内容（做个人品牌什么的）都重要。因为不断地完善这个清单，就等于不断完善我们的工作水平。没有这些清单的迭代升级，我们的工作就很容易变成重复地画圆。你会发现你不断地在长胖，就是没有长高。

讲到这里，再和大家分享一个秘密。一般在大学里面，老师教的是什么？是一个好的知识框架，就是我们说的框架式的思考习惯。当然很多人在大学里面没学到，这是另外一个问题。而好的分享，比如在网上听的很多直播啊，"大咖"线下的讲座啊，教的都是各种技巧和心得。

好故事，金句，走心，听了就觉得收获满满。

但是这些东西在培训行业是卖不到钱的。好的培训是教你怎么一步步去操作这件事情，我们要给操作列出清单。比如秋叶团队的"写作特训营"，会不断迭代不断进化，最终进化的方式就是，把我们培训中涉及的各种各样的知识点都变成操作清单，因为只有可以落在纸面上检查的事情才能够有持续稳定的提高，否则都很容易变成："哎，我今天情绪不好，不想写怎么办？"

不想写就按照清单给你检查，做够了就算完成，没做够就接着写。你有没有发现，在按摩行业的很多企业中，一个钟头做多少个动作都规定得清清楚楚，几秒钟一个，几分钟一个，反而服务质量可靠，企业发展稳定，能做大。我们这些自由职业者存在的主要的问题就是对自己要求太低，都想舒服，最后一定是自己不舒服。

7 点注意事项：

▶ 清单不是越细越好，是够用就好；

▶ 列写作检查清单的目的不是写出好文章，而是避免因为低级失误把好素材浪费；

▶ 清单一开始是不完善的，和写作一样，先完成，再完美；

▶ 越是重要的文章越需要清单管理，在商业中，最重要的文章是文案，而文案检查清单绝对是必要的；

▶ 文学类文章用清单管理是很困难的，但问题是我们写的不是文学；

▶ 一个人完成工作的质量，和他整理出怎样的执行或检查清单，有莫大的关系；

▶ 写清单体和清单式写作是两个概念。

清单体是写作的一种文体。

清单式写作是写完文章后的自我检查过程，可以使我们避免重复犯同样的错误。

下面，我给大家介绍几种我们常用的清单类型。

6.2

文章推送内部检查清单

比如要发布一篇推文，我们设计了一份内部检查清单，如表 6-1 所示。如果能够按照清单一项项对照检查后再推送，在文章本身质量一定的情况下，阅读量、打开率都会有所提升。

表 6-1　内部检查清单

检查项	检查要点	检查结果
文章标题	标题有吸引力吗？ 推送模式下标题是否折叠隐藏了重要信息？ 标题是否违背了社会主义核心价值观？	通过/否决
文章配图	配图吸引眼球吗？ 颜色是否影响标题阅读？ 配图是否是开源图片？（避免侵权）	
文章导语	导语是否能提升读者点击的欲望	
文章作者	作者是否和实际写作人一致？（避免侵权）	
文章头图	是否带了引导关注的头图？ 头图在本文是否要更换或撤销，避免影响阅读体验？	
开场导语	文章是否过长，是否需要写精彩导语？ 文章是否要提醒读者需要花费多长时间阅读？ 如果有福利活动，开头是否告知？ 是否要配一首合适的背景音乐？ 是否要增加一段语音导读？	
中场引导语	每一个阅读小单元，是否有文字引导大家继续往下看？ 如果文章太长，是否需要提前插入广告？ 中间插入的广告文案和配图是否合适？是否会带来注意力分散，阅读跳出等问题，导致最后的主活动流量流失？	
文章排版	排版是否清晰易读，有无字体颜色和大小变化？ 是否有明显错别字？ 配图是否清晰，没有模糊感？ 图片是否太多太长，影响打开速度？ 重点关键句是否加粗加大变色？	

检查项	检查要点	检查结果
文章版权	内部配图是否取得授权？ 引用外部第三方评价、头像或商标宣传是否得到授权？ 推送他人文章是否得到授权？ 文章采用的特殊字体、视频是否得到授权？	
阅读体验	文章阅读过程中，哪里有想跳出的想法？能否改进？ 文章配图是否有特有风格？ 文章内视频是否太长或者缺乏特点？ 文章是否有打动人的一句话？ 文章中是否有废话或无病呻吟的段落可删？	
中场广告	文章是否太长，需要提前在文章中间放置广告避免读者流失？	
结尾广告	是否放置了作者或企业介绍？ 是否放置了标准导流广告或特殊广告？ 是否放置了引导点击阅读原文的图片或文字？ 是否有合理引导大家参与活动，或者转发朋友圈？ 是否放置了阅读原文链接？ 阅读原文链接是否准确？	
关键词植入	标题是否自然植入核心关键词？ 开头是否自然植入核心关键词？ 正文是否自然植入核心关键词（多处）？ 结尾是否自然植入核心关键词？	
推送检查	是否开评论？ 是否开原创？ 是否设置了合理的赞赏金额？ 是否确定了合理的推送时间？	
效果测试	是否完成了预览推送检查？（关键人物同意） 是否在小范围进行推送测试？（测试转化率） 是否在小号公开推送并取得不错的转化率或打开率？ （公开测试）	
转发检查	是否有转发朋友圈文案？ 是否有转发微信群文案？ 是否有可以置顶的一组评论留言？ 是否通知合作方第一时间留言置顶？ 是否预约种子用户转发扩散？ 是否安排去种子群扩散引爆？ 是否在推送前约定好评论回复负责人？	

如果能够经过以上环节的检查，靠流程去保障某篇文章的质量，那

么即使这篇文章是缺乏写作经验的新手写的，我们也能够确保这篇文章的转化率超过所谓的"牛人"写的文章。在企业级写作过程中，不断完善这个清单，就是不断完善我们管理上的漏洞。而我们的写作项目负责人，在这种清单检查的压力下，会不断提升自己的写作能力，到最后就把这些写作能力内化到自己的写作状态，做到不需要检查也能自觉按规范做好，这就大大节约了检查成本。

从某种意义上来讲，清单体就是把你在写作这个领域的知识框架树变成实践中的检查清单，每一个检查点，都可以写出高质量的经验文，这些是需要另外做经验复盘的，也就是我们复盘式写作习惯要教大家的。

大家应该看到，写作如果有套路的话，就不仅是写作套路，也包括和写作相关的一系列工作流程。一篇商业上的好文章是靠一组工作流程来保障的，而不能依赖个人的灵感发挥。那么对这个工作流程，我们就需要写出细化的检查清单，用清单引导我们去写作，去思考，甚至是去寻求灵感。

6.3
鸡汤型文章推送检查清单

不仅是写作发布流程需要清单，写一种类型的文章也可以打造写作自检清单。

比如写一篇鸡汤文，我们也可以做一份某种类型的"鸡汤"文检查清单，如表 6-2 所示。

表 6-2 "鸡汤"文检查清单

检查项	检查要点	检查结果
标题是否有吸引力？	标题是否全网搜索具有独创性？（微信，百度，搜狗）	
配图是否有关联性且吸引人？		

检查项	检查要点	检查结果
有无蹭热点或IP人物？		
文章观点是否有独特性？		
开场第一句话是否吸引人？		
是否使用了合适的人称？	第一人称、第二人称、第三人称	
第一个故事是否有代入感？场景是否真实？		
第一个故事的开头、中间或结尾是否有金句升华？		
第一个故事引发共情的情绪是哪种？		
写作过程中是否出现人称变化？	容易在引用素材过程中引入新的人称	
是否存在洗稿的嫌疑？		
……		
文章是否代入了超过3种以上的场景？		
文章中是否引发了3种以上的情绪共鸣？		
文章中是否有3句以上的金句？		
文章中的素材是否新鲜？是否被同样类型文章广泛使用？		
文章中引用的名人名言或观点是否有新意？		
全文结尾是否有力，给人希望？		

用好检查清单，是强化自己的写作能力的最简单方式，只要我们一项一项对照写作要求写作，就能发现自己写作中的不足，并加以改进，提升写作质量。

套路并不能帮你写出好文章，只能给你写文章的思路，而细节的提升才是持续提高文章可读性的关键。

这就是清单式写作习惯的意义，把自己工作中的流程标准化，然后才能通过统一的流程去提升，去改进。

6.4

商业推广文案检查清单

很多人学写作是为了学习商业文案，不同产品的商业文案有不同的要求。写给朋友圈的文案和写给微信公众号的不一样，写给头条的文案又不同。

真讲起来千差万别，而且每个平台都在持续进化，所以写作要求也要与时俱进。我们在做商业文案检查清单时，一要分平台类型，二要分推广类型。

以电商产品为例，如果写微信公众号，有各种写法，我就最常见的一种写法，做表 6-3 所示的检查清单，按照这个检查清单写作，就不会出大的问题，而理解了这个检查清单背后的逻辑，就理解了为什么要这样写作。

表 6-3　一类产品推广商业文案检查清单

步骤项	检查要点	检查结果
吸引眼球	1. 文章标题有吸引力吗？ 恐吓型标题　这届"90后"为什么这么穷？答：未来可能更惨 好处型标题　新年必学：10招教你判断一门课值不值得买？ 好奇型标题　为什么有的自媒体大号会被封？ …… 标题类型可以不断扩充，形成经验库。 2. 文章配图和导语有吸引力吗？ 抓住用户痛点了吗？	

步骤项	检查要点	检查结果
抓住痛点	工作痛点 "如何让'准点下班'不再只是一句想想而已？" 生活痛点 "如何减少洗衣服的时间？" 成长痛点 "关于写作的5大误区，你中了几个？" 社交痛点 "朋友圈刷屏的微商好友，你会狠心删掉吗？" 情感痛点 "有人问：'大叔，你失恋过吗？'我说：'一个人成熟的标志，不是……'" 3. 是否提供了3个以上不同场景的痛点，抓住不同类型的用户？	
建立信任	是否有"大咖"见证？ 是否隆重介绍了产品设计师的匠心？ 产品独特卖点是否吸引人？ 是否提供了使用者的评价？ 是否提供了优质的图片和文案增加说服力？（不同产品图片要展示不同的风格）	
产品介绍	是否全面阐述了产品卖点？ 是否每个卖点都用用户能够理解的话表达？ 是否每个卖点都描述为用户可以得到什么？ 产品卖点抓住了人性哪个弱点？ 如何利用人性写文案？	
品牌文化	是否描述了产品背后的故事，比如产品是如何诞生，为什么推出这样的产品？ 是否展示了产品的打磨工序，是否讲清楚了制作产品时为用户投入了多少心血？ 是否阐述了创造这份产品背后的情怀和心愿，制造用户共鸣？	
对标价格	是否通过同类产品暗示正常价格？ 是否通过细节文字暗示成本很贵？产品很稀缺？ 是否提供了一个接受度很高的价格？	
增值福利	是否提供了贴心的增值服务？ 是否提供了有吸引力的赠品？ 是否提供了长期的用户福利？	
引导购买	是否提供了明确清晰的购买方式？ 是否提供了具有吸引力的购买图片+二维码？	
打消顾虑	是否提供零风险承诺打消客户最后的购买顾虑？	
常见问答	是否需要提供用户最担心的问题的问答？	

这个检查清单背后其实是有逻辑的，没有好标题，文章没有人点击。

读者一旦被标题吸引进来阅读，就会认真阅读第一段文字，所以第一段文字的最大目的是抓住痛点，让用户产生一种"啊，这正是我的痛苦，非常需要解决"的感觉。

所以在自媒体时代，商业文案开场要快速抓住用户痛点，一般是通过各种痛点场景代入，让读者建立认同，进而愿意往下看解决方案。

如果读者是我们的铁杆粉丝，也许很容易建立他对你的信任，但是对于新粉丝，或者在朋友圈看到文字的新读者，得考虑到他们完全不了解我们，更不可能信任我们的前提，要想办法建立信任。

所以在正式介绍产品前，一定要先让用户对我们产生一定的信任。

如何让一个陌生人立刻对自己产生信任呢？

最佳方法是通过提供有说服力的客户见证，特别是他信任的"大咖"或熟悉的朋友的评价和反馈。

另外，如果能提供令人信服的产品设计师的经历，也会引导用户对设计师产生价值观共鸣，进而信赖他的设计。而在介绍产品设计时，能否提供产品的独特卖点也很重要，这些卖点如果能用高清图片或者动图视频，清晰简明地展示出设计的匠心之处，或者各种温暖的细节，就会大大促进消费者对产品的信任，因为潜在消费者会觉得设计师真懂自己。

人在陌生人的微信里购买产品，是需要安全感的，他会担心他的判断是错误的，他很可能是冲动购买，他需要过来人的建议。我们在写商业文案时，要预感到用户的担心在哪里，通过商业文案去打消他的顾虑。那么知道了这一点，就可以提前解决他内心的不安，从而让他信赖我们。

打消顾虑后就要对产品进行全面介绍，让客户充分了解产品的好处和卖点，除了产品卖点，还可以包括专家点评、资质文件、产地证明等信息。

当产品基本信息和卖点介绍完毕，我们要让客户知道他购买的产品不只是一款产品，背后更有设计师的情怀，我们要告诉用户如何理解设计师站在用户角度的思考，为用户创造超出功能之外的价值，明确地告诉用户产品的每一个细节设计能给他带来什么不一样的体验，能为他创造怎样的生活。

如果用户对产品价值有了信任感，而且产品卖点和图片给人的感觉的确不错，那么我们就要进入价格锚定暗示，要暗示类似的产品很贵，或者原价很贵，进而使用户对最后的价格产生极大的超值认同感。

等价格顾虑打消，为了进一步增强用户的购买欲望，我们需要提供各种福利组合，用不同的、有吸引力的福利，完成对用户的最后"诱惑"。

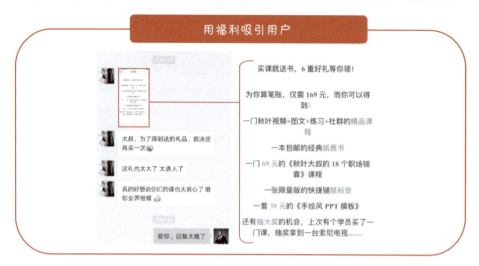

如果担心用户还不能完成购买，我们就需要提供零风险承诺，让客户知道，如果他们不满意，我们会无条件退款，或者再次提供免费服务的机会。这种零风险承诺可以消除买家的潜在损失风险，当我们消除买家的损失风险时，也消除了买家购买前最主要的障碍。不过零风险就意味着我们必须承担我们和买家之间的所有退货风险。

即便文案写得非常周全，也会在实践中发现漏掉了一些客户特别关心的问题，这个时候我们需要再一一解答客户关心的问题。

客户一般还会有什么样的疑问和问题呢？比如送货问题、质量问题、退货问题、安全问题、使用方法问题、使用期限问题，等等，考虑得越周详，客户会越放心和满意。

要特别说明的是，虽然这个检查清单也是一种大纲结构，但是对高手而言，写作过程是可以调整的，并非一成不变。而且不同势能的人，做推荐的结果完全不同，有的产品只需要一位合适的"牛人"推荐，就足够了。

有的产品卖点的确突出，招人喜欢，即便文案不够完美，也不影响大家抢购。

大家可以根据自己产品的特性，多看一些不同类型的文案，找到最适合自己的。多看一些文案你会发现，高手是化用而不套用。

6.5

课后答疑

问：如何找清单逻辑？

答：找清单的逻辑有 3 种方法。

（1）找高手要他的清单借鉴。这就是为什么我们同行之间经常要互相学习。

（2）第二个逻辑是用联机式搜索。

缺啥清单，搜啥清单。

比如有人问，日常工作生活中的常用清单该怎么列？

很简单啊，日常生活，你觉得需要列什么清单，就搜什么清单。

有最简单的类目清单，只需要选择买还是不买；

如果你希望搞清楚如何严格标准化洗碗，只需要搜"洗碗 SOP"（注：标准作业程序）。

流程是结构化的清单，已经高度标准化了。

如果各大五星级酒店严格按照清单执行，并设置自检和他检，就不会总出现问题爆料事件了。

（3）自己慢慢做清单。

无非是一开始清单质量不高，内容不全，主次不分，没有关系，慢慢积累，慢慢走，慢慢改，然后就可以积累出好版本。

所以有同学问，清单式写作，如何构建和管理自己的清单？

不过是将清单思维具体运用到自己要写的文体上，针对不同的文体，不同的要求，写不同的清单而已。

问：清单就是一种标准，有时我自我感觉已经达到标准了，但在行家眼里实际还差得远，怎么办？

答：（1）有清单和没清单，工作质量不一样。

我们应该在工作中关注最终质量的提高，而不是自己的面子。

（2）一开始质量不高是肯定的，所以我们才需要不断总结工作经验提升自己的清单质量。

这就是复盘的价值，每一次复盘都是为了改进我们的工作方法、工作流程、工作清单。

（3）如果现在的清单不完美，但够用，请继续大胆地用，不需要纠结。

最好的不一定是最合适的。

好比爱情，最美的那个女人不适合你，这才是现实。

问：清单式写作与复盘式写作真正区别在哪？除了一个是事前，一个是事后。

答：清单式写作是事前控制，复盘式写作是事后归纳。

通过复盘可以完善清单，借助清单可以减少复盘。

别人做过 100 次已经做明白的事情，尽量用清单照做，这样不出错，不需要复盘，除非发现新问题。

从业务上讲，这是两个习惯，你可以具备其中一个，也可以一个都不具备，但是，爱复盘的人，不一定习惯做清单。

爱写清单的人，一定爱复盘。

进步快的人做清单，爱学习的人爱复盘。

我其实很少复盘，但是复盘一次我大脑必须形成可重复的清单，否则我认为这个复盘的主要作用就成了让自己感觉自己在进步——收获了经验，但不是积累。

问：清单内容如果太多太细不容易记住，时刻都携带清单也不现实（比如有时是碎片化写作）。如何在简化清单的同时又不会漏掉最重要的内容？

答：没有人要求你的清单事无巨细，也没有人要求你随时带着清单检查。

真正好用的清单，要抓大放小。毕竟，我们可以容忍不完美，但重点是能不耽误进度。

如果你简化的清单，漏掉了最重要的内容，那说明你根本不知道哪些内容是重要的，这关清单什么事情？

不要把自己的问题，变成工具的问题。

问：我想问问大叔，对于同一种类型的文章列清单的框架思路是什么？哪些是必选项，哪些是多选项？

答：列清单的思路，我觉得很简单。

如果缺少哪一项检查，这篇文章推送了读者也不爱看，那么这一项就必须写进清单。

如果遗漏哪一项检查，这篇文章读了也没形成推广转化，那么这一条必须写进清单。

如果遗漏哪一项检查，这篇文章不完美，但不会导致没人看，也不担心没转化，那么这就不是必选项。

从结果出发，就可以去衡量行动的意义。

7 复盘式写作

让你的写作能力快速进化

扫一扫
听秋叶大叔讲解

7.1

为什么要复盘

不知不觉，我们的写作课程就到了最后一课：复盘式写作。这可是一个超级难的挑战，但是掌握了这一课就再也没有人能阻挡你加速成长了。

邻三月说："一直想系统地学习写作。一直觉得写作不应该只是学习技巧，更重要的是养成好的写作习惯。就像大叔一样，我们在同一天去参加一个活动，大家都很累了，要我写下来复盘会很累，我一般会选择倒头睡。但是他能坚持写完高质量的复盘，并在第二天按时在清晨推送，而我一觉醒来都忘了当天的活动到底发生过什么。当你 N 次见证了这种习惯所带来的复利后，你会特别想拥有吸星大法，把大叔这种功力吸收过来。"

是的，我认为最重要的写作习惯是复盘，这也是能让一个人快速提高工作能力的优质习惯。如果你养成复盘的习惯，而且你刻意培养你的框架式写作习惯，复盘的内容不断帮你完善和细化你的知识框架，写作技巧框架，话题框架，检查清单，你不但写作水平会越来越高，而且可以越写越快，越写越好。

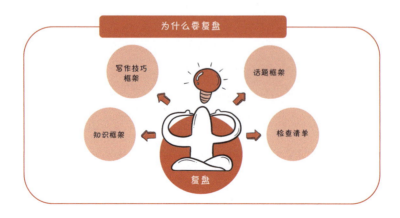

如果没有复盘，我们就不可能有积累，不复盘哪来的清单呢？没有清单，就没有问题提出来，也谈不上有好框架。这都是一环扣一环的。

7.2
怎样进行复盘式写作

复盘的方法其实在小时候学写作文时就教过了——找到好的范文，梳理它切入材料的角度，中心立意，提炼每一段落的大意，梳理出其中的结构，将其变成一个可以借鉴的框架，包括可以借鉴的句式等，然后就可以模仿写作。

所谓复盘式写作，就是把我们小时候学到的方法，老老实实拿出来用。

在工业上有一种思维，叫 PDCA，又叫戴明循环，大家可以百度一下，搜索关键词 PDCA 就可以了。因为我是学机械的，所以我把这种思维用到写作里面也比较自然。

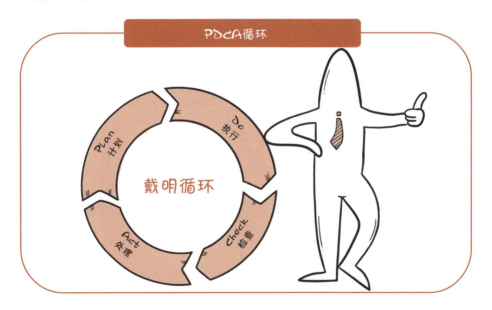

第一是记录：把你做的事情记录下来。

我们写一篇文章，前前后后发生了很多小的事情，有很多小的因素，可能都影响了你的表达，好，把这些记录下来。

第二是复盘：检讨工作得失，形成框架。

你在复盘的过程中就检讨自己的工作得失，你可以按照时间轴检查，也可以按照大家的分工、按部门去检查，形成一个检查的框架。

在这个检查框架中你可以评估哪些应该保留，哪些应该合并，哪些应该干脆就去掉，因为它没能带来什么价值。

第三是清单：按优化后的清单去做。

这个时候就形成了一个检查后的清单，这个清单就相当于优化后的、可以操作的经验。以后就按照优化的经验去做就好。

过了一段时间可以继续复盘。看这一段时间清单的执行效果怎么样，有没有可以改进的地方，然后继续优化这个清单。

这样，就把前面讲到的清单式写作和复盘式写作、框架式写作 3 个写作习惯结合在一起，形成了一个 PDCA 循环。

7.3

如何复盘文章结构化框架

下面我们来看一个例子，比如我们读到一篇优质的文章，我们现在就不能以读者的心态来看它，而应以写作者的心态来看它，写作者就要有一个写作者的思维框架。这个时候我们就可以思考：这篇文章好在哪里？我先用写作的素材给大家划分一下。

我们可以把一篇文章拆成碎片，文章就变成了标题、导语、编者按、开场白、排版、文风、结尾，等等，我们可以看一下这些地方有没有可以借鉴的写法，哪怕是形式上的创新也可以。如果有，我们就把这些东西纳入对应的案例库。

发现优质文章，要具备写作者思维框架

这篇文章好在哪里？——按写作素材划分

1. 标题能借鉴吗？——纳入起标题案例库
2. 导语能借鉴吗？——纳入写导语案例库
3. 编者按能借鉴吗？——纳入编者按案例库
4. 开场能借鉴吗？——纳入开场案例库
5. 排版能借鉴吗？——纳入排版案例库
6. 文风能借鉴吗？——纳入参考范文库
7. 结尾能借鉴吗？——纳入好结尾案例库

　　如果标题的案例库越来越充实，以后我们写标题就不会缺乏灵感了，对吗？所以我们应该把一篇好文章分门别类地一点一点按照素材进行拆分。然后我们就知道了自己和别人的差距到底在哪里。有可能我们讲的话题一样，目标人群也一样，写作的风格也差不多，但是输在很多小的素材方面了。这也是很多写作营教的内容，就是把它的案例库变成框架给大家讲一遍，告诉大家：嗯，掌握这个就可以了。

　　但是，我在这里教大家的是，为什么不靠自己来解决问题，而依赖别人的框架呢？

　　别人教的叫外部经验，自己总结出来的才是内化能力，没有忘吧？

　　刚刚讲过的是写作素材，其实我们也可以按照写作的框架来思考，就是考虑别人写这种类型或这种结构的题材时，他写作的大纲，写作的逻辑到底是怎样的。比如，我们只要看到一篇可以打动我们的好文章，作为写作者就要想一想：哎，网上那么多文章，为什么只有这一篇可以打动我呢？我们就不能轻易放过一个打动我们某个点的文章。那我们就需要思考一下，它的标题为什么这么吸引人，这个时候我们要学的不仅是套路，我们更多要分析他的标题到底抓住了什么痛点，什么利益点，或者引发了什么样的好奇心理。

另外，我们要看一下他的正文，文体是不是很有趣，我们要学习一下他的文体的结构嘛。我们在结构式写作里面讲了 10 种，那会不会还有第 11 种，第 12 种呢？还有这篇文章是不是说服力很强呢？那这个时候就要学习他的逻辑框架，他是怎样一环扣一环让我们认可他的观点的？

这篇文章是不是代入感很强？那我们就要学习他是怎样讲故事的。这篇文章是不是有金句？那我们就要把金句搜集下来，学一学他到底是如何造句的。素材是不是特别棒？那我们就要想一想，怎么他可以找到这种素材，我们就找不到呢？是不是我们的搜索技巧还需要提高？把这个应用在我们的联机式写作里面，又可以提升这方面的技巧了。

到了结尾，他是不是特别会互动？互动包括投票、点赞、评论、回复关键词看更多文章、转发、购买、跳转等设置技巧。我们可以看一下他是怎么设置的，排版上有没有什么技巧，他在页面的跳转设置里面有没有什么特别的提示，他的文字方面有没有特别好的导语，或者是不是做了非常棒的点击诱导动图，等等。一篇好文章在哪些小细节上花费了心思，我们都可以在复盘的过程中挖出来。这才是通过看别人文章学到东西的关键方法。

单点技能，要形成知识卡片

打动点	按写作框架思考
标题	是否文体有趣？——学习文体构架
正文	是否说服力强？——学习文章的逻辑框架
	是否代入感强？——学习讲故事
	是否金句多？——学习造金句
	是否素材好？——学习搜集素材
结尾	是否互动性强？——学习投票、点赞、评论、回复关键词、转发、购买、跳转页面的设计技巧

而很多伙伴看到一篇文章，就觉得：啊，写得好，帮我把情绪发泄了，我要学习。可学习什么呢？

专业人士用框架去检查别人的文章，所以他们能做好复盘，能学到提高的点。

业余人士就是学到了一个：呵呵，我好感动哦！这就属于低水平的无效努力。但是高水平的努力，说实话，也要多付出。所以为什么有的人最终得不到自己想要的，其实就是付出太少嘛。

7.4
如何复盘文案结构化框架

最需要复盘的文章是长文案，爆款长文案的商品转化率特别高，往往是因为文章结构特别完整，细节特别到位。

看到这样的文章，就需要仔细拆解它的套路。

我们以一篇文章为例，看如何拆解长文案。

《她40岁活成少女 | 穿得讲究，才能活得不将就》这篇卖课文案阅读量超过10万人次，销售人数也超过4万人次，在穿搭课程文案里面属于非常优秀的。

那么我们的拆解可以借鉴小学生学作文的思路，分为两种拆解。

▶ 文章结构拆解。

▶ 文章素材拆解。

先一起看看这篇文章的结构。

（1）名人案例导入：通过近期一名女性热点人物的案例，指出"她很擅长用衣服规避不太完美的弱点，彰显身材的优势。一件低领礼服、露背小黑裙，既性感又不失得体"。一下子抓住读者的好奇心，暗示我们也应该向该人物看齐，引导大家继续往下看。

（2）痛点场景描述：通过一段文字，描述不会穿搭的痛苦。一口气提供 3 个场景——不好看、不出彩、不会买，每个场景对应一类人，希望扩大文章的覆盖面，而且文案简要，避免因为啰唆导致读者阅读起来不耐烦，最终跳出的情况。

（3）暗示技能价值：马上提供对比场景，用一个表达观点的金句（文字加粗）引导读者接受暗示，指出拥有这个技能，人生会有更幸福的场景，可以抓住更重要的机会。在列举"机会"时言简意赅地针对不同场景——职场、陪老公、陪孩子，以抓住不同类型的潜在消费者。

（4）全面介绍导师：引出导师，从资历（建立对老师专业度信任）、收费（用线下价格做价格锚定）、学员规模（建立对老师教学水平信任）、获奖情况（建立对老师影响力好感）、家庭现状（建立对老师工作和生活状态的向往）等方面全面介绍。

（5）用户案例见证：从家庭搭配，职场搭配，社交搭配几个方面提供案例，让潜在用户对号入座并产生期待感。

（6）告知课程价值：告知学穿搭不需要多花钱，还能用一样衣服搭出百样可能，等于把一件衣服穿出 3 万元价值。

（7）价值强力共鸣：用一段导师观点引导读者理解导师的穿搭观，让美好的内在，通过得体的外表，表现出来。

（8）介绍课程体系：课程的海报，试看视频，总体介绍，答疑模式，价格，提供购买按钮（避免学员跳出流失）。

（9）课程大纲展示：详细介绍课程大纲和卖点，提供购买按钮（避免学员跳出流失）。

（10）课程学员评价：提供学员评价截图，让读者多方位了解课程内容。

（11）课程购买福利：提供售后额外福利，提供答疑和直播，引起购买者想和老师直接链接的欲望，最后一次促进购买，提供购买按钮（避免学员跳出流失）。

（12）课程学员互动：在文章最后的留言区放出作者和早期学员的

互动留言，引导读者互动和探索。

　　用好这个简单的结构化复盘方法，我们很快得出一个文章模型，这个模型如果和我们前面讲的清单式写作习惯结合起来，就很容易变成我们写作不同类型文案的检查点；这个模型如果和我们结构化写作习惯结合起来，就是快速写作文案的框架。

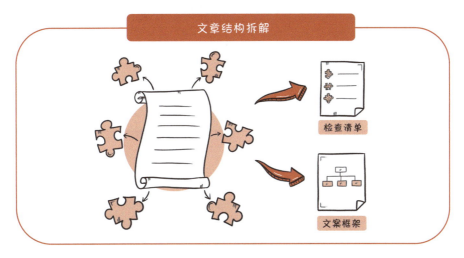

　　这就是复盘式写作的威力，我们可以从别人成功的文章中快速获得写作经验，一旦积累了足够的复盘经验，我们就可以自己进化，等于可以替大家节约大量的培训分享费用。

　　我们不仅要复盘优质文章，我们自己写了文章，转化率不高，也要对照优质文章，一点点复盘，这样就可以看出自己的推广文案差在哪里，应该如何在结构上改进。

| 作业 |

选择一篇实用技能经验总结，或者行业综述，或者爆款热文，按照我们的示范，一段段拆解文章结构，分析每个结构的写作特点、写作目的，看看能否整理出类似的文章写作框架，将它变成自己框架式写作的积累。

看看别人的作业吧！

　　除了复盘文章结构，我们也需要复盘文章的素材，好的结构是文章的骨架，但光有骨架没有血肉，文章也不会饱满，不会有感染力。

　　复盘文章素材时可以参考表 7-1 的框架。

表 7-1 复盘文章的框架

文章结构	内容要点
开场配图	提供美女微笑动图,激发读者的好心情
开场第一句话	名人案例简短,但激发阅读好奇心
配图特色	GIF动图+系列拼图
章节标题	每个重要章节,加入给力小标题强化阅读欲望
痛点描述	用文字简单勾勒场景,配合动图渲染气氛
介绍嘉宾	提供梦想+给力标签+实力美图 "40岁活成最美的样子" 添加游艇上的潇洒照片
嘉宾经历	穿搭导师必须有贵族范,所以没有逆袭经历,全部是显赫经历 提供导师20岁、30岁、40岁对比照片,越来越美 提供导师和孩子亲子照吸引妈妈学员(选墨镜照,一定程度保护未成年人),细节很用心
学员案例	不同学员不同身份,左边静止照,右边动图照,多张对比,增加视觉冲击力 点评中大量用教学方法词汇、专业词汇提升老师专业度,而且一定提供一句利益点,并加粗强调重点
增值价值	提供两款女性居家常用搭配饰物,导师出镜演示如何把一样东西穿出不同视觉效果,印证好的穿搭法是教你省钱,而不是教你花钱,打消学员顾虑
课程海报	导师照片自信,课程文案突出利益点、兴奋点和专业度
导师视频	重点突出导师的业绩,注意让导师每个镜头都漂亮,可以强调导师资历,配上各种穿搭照片,并强调导师为了学习穿搭花费了上百万元 提供学员痛点视频和改变案例 强调衣品才是关键,花小钱也可以变美 最后一个单元强调系统化学习的价值 视频内容对文案内容有补充点,1. 导师投入了大量成本学习;2. 提供了新的观念,不是多花钱,而是提升衣品;3. 系统化学习效果好
课程大纲	排版精美,标题文案短小抓人,划分单元,统一提炼关键词,让大家觉得课程具有完整的体系感
课程特色	省时、省力、省钱:全部诉诸利益,反复强调花小钱得大好处 即学即用、时尚穿衣,真人出镜,视频教学
学员评价	多个学员评价裁剪拼图,最大限度地减少打开文章的流量 不同评价展示不同课程特色点,避免重复
购买按钮	动图按钮引导点击
留言精选	让导师留言和精选学员留言置顶,引导购买

到了这一步，我们基本上就看到了整篇文章在结构之外，细节之处的努力。

如果对照这篇文章的第一版文案，我们就能看出"十点课堂"文案的持续优化的更多细节，也就能学到更多文案人背后的努力。

这篇文章的上一版文案《你穿的每一件衣服，暴露了你的层次》，感兴趣的可以搜一下。

7.5

如何讲出一个感人的故事

在写作中，我们需要故事，人对故事的印象最深刻。

当我们被一篇文章中的故事感动，我们就需要思考一下，这个故事到底抓住了我们哪一种情绪，或者制造了哪一种冲突，激发我们共情投入。

写出爆文的一种方法就是在文章中制造读者爱看的故事，而好故事的内核往往是冲突。如何制造冲突呢？编剧们常常说冲突有"3驾马车"——渴望、障碍和行动，用一个公式来表达就是：

冲突=渴望+障碍+行动

其中有哪些常见的渴望和障碍？我这里提供表7-2所示的框架给大家借鉴，方便大家以后看到好故事，可以对照框架进行复盘。

表7-2　常见的故事冲突框架

经典故事冲突	简要说明
犯下致命错误	明明知道不对，但因为原因，他做了一个错误的选择
小人物的逆袭	起点很低，经常被人嘲笑，但是最后他做到了……
一个错误决定	在压力下他做了一个愚蠢的决定，现在能怎样补救？
执着追求目标	预期的目标遇到了巨大的挑战，团队还能坚持完成任务吗？

经典故事冲突	简要说明
即将遭遇灾难	台风马上就要登陆，村民有时间逃离困境吗？
剧情突然反转	一切都很顺利，直到一件意外让事情朝相反方向发展
难以解释事件	业绩突然下滑，没有人知道原因，而你必须解决……

一个让读者产生共情的故事，一定是一个充满冲突的故事，这种冲突和读者在现实生活中的遭遇有强烈的共鸣，这种共鸣一旦得到认可，读者就乐于看到自己想表达的情感通过文章得到了宣泄。

那么在写作时，我们看到任何好故事、好剧情、好对白，我们就可以问自己：

（1）这段文字对读者而言，冲突点在哪里？属于哪种故事框架（见上表）？

（2）这个冲突能否引发目标读者的共鸣？故事的结局是读者希望看到的吗？那些障碍是读者也经常遇到的吗？

（3）如果不能引起共鸣，问题出在哪里？——场景、素材、文风、时机、线索。

（4）这个故事的写法我能学习吗？

| 作业 |

请找到一个好故事，用我们的框架分析，这个故事是如何创造冲突，并激发了哪一种情感投入。

7.6

如何造金句

我们经常看到别人写的金句，而自己写文章，往往干巴巴，写不出好的金句。

想要写出优质的金句有两种方法，一种的确需要作者有丰富的人生积累，另一种是将句子用造句法提升。

什么是造句法？

就是看到很多金句，我们抽离出金句的结构，把自己想说的话代入进去。

比如上面提到一句：想穿得好看，衣品才是关键。

我们搜"巴菲特名言"，可以找到这样一句话：

竞争并不是推动人类前进的动力，嫉妒才是。

把这句话的句式抽离一下，是这样的：

____并不是____的____，____才是。

按照这个句式，我们把"想穿得好看，衣品才是关键"改造一下：

"买买买"并不是让你变美的关键，衣品才是。

巴菲特还有一句话是这样说的：你人生的起点并不是那么重要，重要的是你最后抵达了哪里。

把这句话的句式抽离一下，是这样的：

你____并不是那么重要，重要的是你____。

按照这个句式，我们把"想穿得好看，衣品才是关键"改造一下：

你的衣服多少并不是那么重要，重要的是你的衣品。

倒不是说，我们改造后的金句就一定好，而是我在给大家展示一种学习方法，教大家如何套用别人的金句句式，提升自己文章金句的质量。

有时候，我们甚至可以直接将别人的金句模式稍微改一下，就很衬自己的场景。

还是巴菲特说的话：想要彻底改变自己，不完全取决于你花了多长时间，更重要的是你是否用了心并找对方法。

我把这句话改成：想要彻底改变自己，不完全取决于你买了多少衣服，更重要的是你是否提升了衣品并学对方法。

当我们在一篇文章中看到漂亮的金句，把金句句式抽离出来，进行造句模仿，内化成自己的语感，这就是我们详细复盘能学到的东西。

7.7
如何写出好标题

一篇文字的打开率，可以通过数据分析看出来是否和标题相关，如果有一篇文章打开率很高，但是转发朋友圈的概率很低，那么很可能是起了一个好标题，但是内容并没有那么吸引人，以致大家不想转发到朋友圈。

对于这种好标题，我们就应该加以分析，我在网上搜到很多指导如何写标题的，比如《一篇长文，读懂"10 万 +"标题的全部套路》这篇文章就看起来不错（在网络搜索标题可看到全文）。

文章以案例和点评分析相结合的方式，从情感鸡汤、时尚娱乐、生活美食、科技资讯和知识这五大垂直领域，总结出了 12 个写出好标题的技巧。

这篇文章总结得非常到位，但是作为复盘，我们希望能够把写标题的知识和经验进一步结构化，毕竟我们有造金句的方法指导。

比如我们看到如下的标题，就可以把标题细化拆解。

千万别小看这5个超实用理财技巧，让你提前10年过上退休生活。

好奇性关键词 数字　　知识技能　　　　　好处

理解了这个结构后，我们就可以活学活用改造标题。

> 原标题：【购房指南】买房前必须要了解9大潜规则
> 优化标题：房地产商不会告诉你的9大买房潜规则，不看会后悔！
> 　　　　　好奇性句式　　　　　　　　　　　　好奇性句式

又或者：

> 原标题：10个PPT技巧，让你效率翻倍。
> 优化标题：10个鲜为人知的让你效率翻倍的PPT技能，你知道几个？
> 　　　　　好奇性关键词　　　　　　　　　　　好奇性句式

然后我们可以逐步积累，表 7-3 是常见的引发好奇心的关键词及句式。

表 7-3　引发好奇的关键词和句式

类型	具体内容
引发好奇心的关键词	揭秘、曝光、真相、慎重、注意、当心、小心、禁忌、预警、危险、可怕、惊呆了、给跪了、（万万）没想到、紧急提醒、重要通知、友情提示、不容大意、鲜为人知、不信你看、不看不知道、后果很严重、别再上当啦、别怪我没告诉你、不懂你就亏大了
诱发好奇心的常见句式	××不会告诉你……；……不想告诉你；你不知道的……；现在才知道……；……你知道几个？……你踩坑了吗？

如果我们能慢慢把某一类标题持续复盘，就会形成一个起标题的知识库，这个知识库不断优化下去，任何一个新手，都可以快速写出好标题。

这就是复盘的价值，不仅是整理知识，而且可以分享知识。

| 作业 |
尝试就某一类文章标题，做出你的经验公式和可选关键词库和常见句式库，并分享给大家。

7.8

如何复盘知识点

7.8.1　搭建框架

刚刚给大家讲了很多，都属于结构性的框架，结构性的素材，结构性的表达，但是有的是一些知识点，这个单点技能是知识点，我们要把它做成知识卡片。怎么做知识卡片呢？知识卡片就相当于我们框架式大纲上的一个分支，分支下面可能有小分支，但这个小分支也可以包含大量的信息。那我们可以把这些大量的信息做成一篇文章，放在这个链接下面。

这就像我们写书，现在大家明白书怎么写了吧，我们要把一个知识点丰富起来，而不是只告诉大家写标题要有利益点，然后下面举两个例子，举两个例子我们都可以举啊。

那我们现在把"用好奇的方式写标题"做成一个知识点，让大家看到一个框架，有了这个框架我们就可以完善知识点。

> **单点技能，要形成知识卡片**
>
> 下面这个叫知识点
>
> 千万别小看这5个超实用理财技巧，让你提前10年过上退休生活。
>
> 好奇性关键词　数字　　知识技能　　　　　　好处

如何完善呢？请接着看。

7.8.2　完善知识点

有了这么一个大的知识点，我们要围绕知识点建立一些范例库，这些范例库越多越好，越多就越能够发现自己原来总结的知识点是不是做到了彼此穷尽（把各种可能性都穷尽），相互独立（没有交叉）。如果发现问题，我们可以优化框架，优化知识点的定义。这永远是一个迭代提高的过程，所以这个需要范例。范例越多越好。

下面的两个范例，都是用"好奇"的关键词 + "好奇"的句式，创造出一个好标题。

这个是知识卡片的范例库，越多越好

原标题：【购房指南】买房前必须要了解9大潜规则
优化标题：房地产商不会告诉你的9大买房潜规则，不看会后悔！
　　　　　好奇性句式　　　　　　　　　　好奇性句式

原标题：　10个PPT技巧，让你效率翻倍。
优化标题：10个鲜为人知的让你效率翻倍的PPT技能，你知道几个？
　　　　　好奇性关键词　　　　　　　　　　好奇性句式

那这种范例积累多了，是不是我们以后起这种好奇式标题的效率就变高了呢？我的答案是：不一定。

为什么呢？因为如果我们每次起标题都要看几百个标题，从里面找一个灵感太累了，所以我们要优化这个知识库。这就是我们做复盘的内容，它和清单不一样，清单说这一项要检查，你得合格，但这一点要怎么合格，怎么做，这个就要靠复盘做成经验库、案例库、知识库。我们来看怎样提高效率。

7.8.3　复盘形成知识库（关键词）

刚刚我们谈到，要引发好奇有很多关键词，我们把看到的所有相关的关键词，一点一点地积累下来，放到我们的素材库里面，以后我们就知道了：哦，原来引发好奇有这么多关键词能用。

揭秘、曝光、爆料、真相、重磅、慎重、注意、当心、小心、禁忌、预警、危险、可怕、惊呆了、给跪了、意料不到、（万万）没想到、原来是这样、紧急提醒、（××）紧急提醒、紧急通知、重要通知、友情提示、最新发布、前方高能、不容大意、鲜为人知、不得不知、不看后悔、不信你看、不看不知道、简直不敢相信、内幕消息、千万不要、千万别错过、千万别小看、千万别忽视、千万别不当回事、后果很严重、别再上当啦、99%的人都中招啦、别怪我没告诉你、不懂你就亏大了、否则会吃大亏

但是，这个引发好奇的关键词都蛮危险的，不要乱用啊。现在网上强调，谁要造谣就打谁。但是，我们又必须得承认，这些关键词，虽然用了好多年了，还是很管用。人啊，总是管不住自己的好奇心嘛，所以说，好奇心害死猫。

我们将这些素材库不断完善，手上有了几百个词库的时候，我们会发现，起标题会变成一个条件检索。所以说，学好 Excel，反而能比别人快 10 倍，甚至快 100 倍。

7.8.4 复盘形成素材库（句式）

除了引发好奇的关键词，还有引发好奇的句式，这种句式我们也要慢慢把它搜集下来，以后起标题不要变成什么智力行为、创意行为，而是要把它变成一个机器人做筛选的行为，要让任意一个人在这个知识库的支持之下，加上一点点框架式给他的方法论，就能够起一个受欢迎的标题。

竟然是……　　　　　　　　不能说的秘密
99% 的人都不知道……　　　不想告诉你
几乎没人知道……　　　　　你不知道的
多数/大部分（目标人群）　现在才知道
都不知道……　　　　　　　你知道几个？
××不会告诉你……　　　　你踩坑了吗？
　　　　　　　　　　　　　××是怎样一种体验？

刚刚的例子是把起标题的一种方法变成知识点——范例库——素材库——团队技能的流程和方法。这些都可以通过团队中每个人持续的复盘进行不断完善。

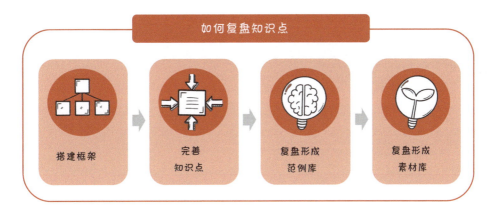

所以好的复盘会把个人能力变成团队的技能，让团队变得越来越强，这样才可能解放你自己，做大这个品牌。而且不要把某些能力看得很稀缺，觉得好像只有那些"大咖"才能搞定，真相是：所有能够分解的，能够被量化的，能够被标准化的，让普通人也能做好的工作才能做大。

凡是依赖个人才华、稀缺的技能才能做的工作，基本上会把自己越做越累，或者说又累又穷。这就是思维观念上的差距。

7.8.5 越是离钱近的工作，越需要复盘

那么，关于复盘，我个人觉得要是写一些自我疗愈的、散文体、游记这类和钱没有关系的文章，只要自己写得开心就好，也不要把自己折磨得那么狠，毕竟我们要复盘的东西很多，不仅是写作，其实工作更需要复盘。

越是离钱近的工作，越需要复盘。很多伙伴花大量的时间写作，却没有想过，在职场中哪件事情不需要写作？而且，这里面最有价值的写作往往是复盘。

复盘复好了，不是帮你节约成本，就是帮你提高效率，甚至能让你升职加薪，这才叫离钱近。我们有些伙伴写作是为了写文案，我觉得，与其拜访名师 100 位，不如老老实实复盘 100 篇。不做这个工作，你永远都不会成为高手。

我们为大家提供了 3 个复盘案例，包括一些知识点的复盘，希望大家理解，我教大家复盘式写作是想培养大家的职业习惯，而不是仅仅让大家成为一个靠复盘写篇好文章的人。

这也是一种复利化的写作，复盘的能力可以复利到你所有要用到写的地方，放大你的能量。

8 秋叶寄语

让写作成为你的职业能力，而不是只关注它能否成为所谓的赚钱手段，你会发现所谓写作不能坚持、写作缺乏题材，都不是关键问题。

关键问题是如何尽快把好的写作习惯养成，让写作技能持续提升，内化成自身的能力。因为只有解决了这些问题，你才能用写作给自己打开人生的各种可能。

我强调写作要有框架式思维，但其实工作中方方面面都一样，做事情得先有整体性认识，对不对？

有了整体性认识，你才能站在全局的视角，看到方方面面的可能性，然后你才能规划复利的路线。要先看见可能，才能创造可能。

当你有了框架式思维来解决写作方向的问题，又能创造复利来解决写作动力的问题后，就要解决"没有时间写怎么办"的问题。答案就是碎片化写作。

写的时候没有素材怎么办？联机式写作。

有了素材不知道怎样串联，没有灵感怎么办？结构式写作。

写完不知道质量好不好怎么办？清单式写作。

想让自己持续提高、进而提升框架思维应该怎么办？复盘式写作。

这样，7 堂课就构成了一个完整的闭环。

所以，希望学到最后，大家能认可我们的写作课是一门"授人以鱼不如授人以渔"的课程。

如果大家认为在我们这门课中通过阅读、动手、点评、分享而学到的内容，远远超过单纯的技巧，那我就觉得非常开心了。

最后说一句，写作是一件充满无限可能性的事情。如果大家不知道怎样写，记住将我分享给大家的 7 种写作方法培养成习惯，这些习惯会帮你通过写作产生无限的可能性。

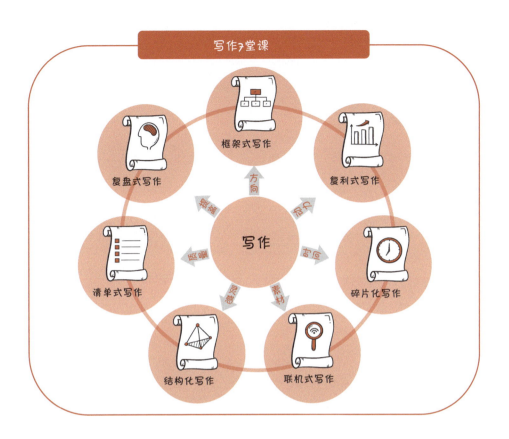